PHP
Business Shinsho

# だから、会社が倒産する

Kazuyoshi Komiya
小宮　一慶

PHPビジネス新書

はじめに

## 日本経済の停滞に加えてインフレ。経営環境はますます厳しくなる

私は、約20名の経営コンサルティング会社を経営しています。小さな会社ですから、私自身も5社の社外取締役や6社の顧問をしており、経営の現場にいます。
お客さまには大企業もありますが、多くは中堅中小企業のオーナー経営者たちです。経営環境は厳しいですが、そのなかでも、多くの会社が伸びています。それは、彼らが経営の原理・原則を理解しているからです。

日本の経済は長く停滞しています。
1990年代前半に約4兆ドルだった日本の名目GDP(国内総生産)は、その後、

5兆ドル前後まで伸びたものの、最近ではまた約4兆ドルに逆戻りです。

一方、同じ期間に、アメリカの名目GDPは約6兆ドルから最近では約27兆ドルへと4倍以上になっています。中国は、約4000億ドルから約18兆ドルへと40倍以上に伸びています。2010年には、当時5兆ドル強だった日本を抜いています。

主要国のなかで日本だけ、この30数年間、名目GDPがほとんど伸びていないのです。

名目GDPとは、皆さんが働いている会社が生み出した付加価値の合計です。売上から仕入を引いたものが付加価値ですが、その付加価値の多くは、人件費になります。給料の源泉である名目GDPが伸びないから給料が上がらないという状態が、この国だけ長い間続いているのです。

そこへ、物価高がやってきました。給料が増えて需要が伸びることによる「ディマンドプル型」のインフレではなく、「コストプッシュ型」のインフレです。

2023年1月には日本のインフレ率は4・2%のピークとなり、仕入れ値を表す企業物価は、同月、9・6％も上昇しています。とくに2022年の秋以降大きな話題となっている円安も影響して、原材料価格が高騰《こうとう》し、企業にとって大きな重しとなっています。しかも、この物価上昇分は資源価格や食料品価格の急騰によるもので、値上がり分の多くは海外に流れていってしまいました。

円安は、大企業の海外事業の業績を、円建《えんだ》てで見るとよくする効果もあります。そのため、大企業のなかには業績を顕著《けんちょ》に伸ばしているところも多く、そうした企業は従業員の賃金を上げています。

本来は、大企業は中小企業からの仕入れ値も上げて、中小企業の従業員の賃金も上がるようにするのが望ましいのですが、実際にはそうなっていません。中小企業は原材料価格の高騰を十分に価格に転嫁《てんか》できず、賃上《ちんあ》げが十分にはできないために、優秀な人材の採用がますます難しくなっています。

ところで、2023年4月には、10年ぶりに日本銀行の総裁が代わりました。植田和男新総裁が金融政策をどうするかは今後の動きを注視しなければいけませんが、いまのところ、黒田東彦《はるひこ》前総裁の異次元緩和を引き継いでいます。物価が上昇しているなかで、インフレ政策、円安政策を続けているわけです。日銀が大量の日本国債を保有することになったため、金利を上げると膨大《ぼうだい》な含み損を抱え、なおかつ政府の利払いも増加することから、異次元緩和を続けざるを得なくなっているといえるでしょう。しかし、それでは、通貨の価値の下落であるインフレによって目減りした国民の預貯金は、インフレ分だけ損したままです。

しかも、ロシアがウクライナに侵攻し、中国のカントリーリスクも高まっていて、インフレはしばらく続きそうですが、日本の現状を考えれば、またデフレへの逆戻りもあり得ます。いずれにしろ、ビジネスの環境はますます厳しくなっています。

## 中小企業にはいくらでも伸びしろがある!

私は経営コンサルタントで、お客さまの大半は中堅中小企業のオーナー経営者です。そして、私は「中小企業はいいよね」とよくいっています。売上が小さい分、伸びしろがすごく大きいからです。

日本は、衰退しているとはいえ、世界第3位の経済大国ですから、国内市場だけでも中小企業の伸びしろは大きい。円安の追い風を受けて輸出を進めるなど、世界を舞台に仕事をすれば、さらに大きくなります。

「もう市場はない」というなら、そんな経営者はいりません。「環境が悪い」というのは、自分では変えられないもののせいにしているだけです。**自分のせいだととらえ、自分たちは何を変えられるのかを考えられる人が成功します。**

商品やサービスを通じて世の中に貢献しよう、働く人を活《い》かして幸せにしようと思えば、いくらでも知恵が出てきます。

たとえば、私のお客さまに、成人式用の振袖《ふりそで》のレンタル・販売を中心とした会社があります。少子化が進み、成人を迎える人は減っていますから、普通に考えれば市場は縮小しています。けれども、その会社は業績を伸ばしています。

それは、他社との差別化に成功しているからです。振袖を販売・レンタルし、着付けとヘアメイクをするだけでなく、自社でおしゃれな写真を撮影してアルバムをつくるサービスを、他社に先駆《さきが》けて始めました。さらに、成人式の会場で他の参加者と着物が重なることがないよう、京都の着物卸《おろし》に自社専用の柄《がら》を制作してもらっています。これらが好評を博《はく》しているのです。

私がお付き合いしている会社に、傳來《でんらい》工房という京都の企業があります。同社は金閣寺の塔の金物《かなもの》や皇居二重橋の欄干《らんかん》などをつくっているのですが、創業は平安時代ですから約1200年前にあたります。

これはさすがに特殊な事例でしょうが、たとえば自社を100年先まで続けよう、繁栄させようと考えたとき、何が大事になるでしょうか。そのときに経営者などのリーダーには、果たして何が求められるのでしょうか。

私は、いつの時代も変わらない原理原則だと考えています。本書では、そのことを考えていきたいと思います。

# だから、会社が倒産する

## 目次

はじめに



第1章

# 「品質・価格・サービス」をアップデートできない会社は潰れる

第2章

# 必ずまた訪れる危機への備えはあるか

第3章

## 社長が「生き方」の勉強をしているか



第4章

## 事業承継の準備はできているか

# 第1章

# 「品質・価格・サービス」をアップデートできない会社は潰れる

## 10社に1社がゾンビ企業といわれる現状

日本の問題点を示す数字はいくつもありますが、その一つが開業率と廃業率です。いずれも5％ほどで、企業の新陳代謝《しんちんたいしゃ》が著《いちじる》しく悪いのが日本経済の特徴です。欧米だと10％ほどです。このことが日本企業の優秀さを示しているのならいいのですが、そうではないことが問題です。

なぜ日本ではこれだけ開業率・廃業率が低いのかといえば、政府からの支援と、さらには低金利が理由の一つに挙げられます。そうして生まれているのが「ゾンビ企業」と呼ばれる企業です。

ゾンビ企業の定義は明確ではありませんが、一般的には、3年以上にわたり、インタレスト・カバレッジ・レシオが1未満の企業と定義されています。インタレスト・

カバレッジ・レシオとは、「営業利益＋受取利息・配当金」を支払利息で割った数値で、簡単にいえば、営業利益よりも利払いが大きいということです。

この異常なまでの低金利下にもかかわらず、十分な営業利益が得られていないために、いまや全企業の10社に1社くらいがゾンビ企業といわれており、今後、さらに増えるとの見通しもあります。

ゾンビ企業が増えることは、社会にとって有益であるはずがありません。それは、生産性の低い企業が生き残り続けるということとともに、そこで働く人に十分な訓練や教育が与えられないということです。

なくなっても困らない、他の企業でもやれることしかやっていない企業であれば、他の企業に従業員を引き取ってもらって自社を畳《たた》むという手もあるはずです。しかし、他社で通用しない人材では、それもままなりません。

政府としても、政権への支持率の問題もあり、ゾンビ企業であってもできるだけ潰《つぶ》したくないというのが本音でしょう。

また、いま金融機関で要職を務める人たちは、1990年代のバブル崩壊を覚えている世代です。当時は、多くの企業を倒産させた結果、潰れた金融機関もあったわけです。その苦い記憶が色濃いはずです。銀行にとって企業は収益機会ですから、たとえゾンビ企業でも潰すことに抵抗があるでしょう。

しかし、現在は借金をして何とか生き延びている企業でも、もしこれから金利が上がれば、当然ながら厳しくなっていきます。今後、金利が上がる可能性はあっても、さらに下がる可能性はありません。金利が上がってもやっていける経営を、いまからしておくべきです。

## ゾンビ企業はなぜ増えたのか

もちろん、好《す》き好《この》んでゾンビと化《か》している企業はありません。

私もこれまでに潰れた会社を何社も見てきましたが、自分の会社が潰れていいと考える経営者は誰もいません。

とくに日本では、一度でも経営する会社を潰せば、ビジネスパーソンとしての人生が終わるに等しいくらいメンツや財産を失うことになります。アメリカであれば、企業を倒産させたこともある意味勲章《くんしょう》で、一つの経験として次のビジネスにチャレンジしますが、日本にはまだそうした風土はありません。

ですから、ゾンビ企業の経営者は必死に会社を延命させようとします。そして、そのために借りられるだけお金を借りてしまい、余計に傷口が広がるのです。

ゼロ金利政策は、そんなゾンビ企業にとっては渡りに船でしたが、当然ながら、お金を借り続ければ、金利上昇時のリスクが高まるとともに、いざ潰れたときのダメージが大きくなる点を忘れてはなりません。従業員にとってもたまったものではありません。そして、その環境は変わりつつあります。

もう一つ、ゾンビ企業が増えている理由を考えると、市場が成長していない点も挙げられます。

市場が右肩上がりならば、多少荒っぽい経営をしても利益を出し、乗り切れることがあるものです。1980年代後半のバブルのころが実際にそうでした。当時は皆に平等に強い光が降り注いでいたのです。

しかし、いまは浴びられる光が弱まっているので、経営力が少し劣《おと》ればうまくいかないことも少なくありません。

## かつての日本企業は冷戦構造のおかげで成長した

日本経済がかつてあれほど順調に成長したのは、私は、一つは冷戦構造に理由があったと考えています。

日本は西側諸国とともに共産圏と対峙《たいじ》していましたが、よくも悪くもアメリカがつくった平和憲法のおかげで、軍事的には前面に出る必要はありませんでした。その分、安心して経済を成長させることができたのです。アメリカもそれに協力していた面があります。いわば、甘やかされていたわけです。

1990年代の金融ビッグバンの目玉の一つは会計制度の改革でした。それまで日本は、欧米と比べれば2周遅れといわれた会計制度を使っていました。古い会計制度では、利益を含み益にしたり、損失の先延ばしもある程度認められたりしていました。冷戦の時代までは、それが日本では許されていたのです。

しかし、冷戦は終結しました。しかも、そのころのアメリカは「双子の赤字」に苦しんでいました。財政赤字と貿易赤字がものすごく大きくなっていたのです。とくに日本に対する貿易赤字が非常に大きく、自国のためにも、日本にハンディキャップを与えるわけにはいかなくなっていました。

マンハッタンの高層ビル群であるロックフェラーセンターを三菱地所《じしょ》が買収するなど、日本企業が1980年代後半にアメリカの資産を相次《あいつ》いで買収していたことも、アメリカのプライドを傷つけ、対日感情を悪化させていました。

では、会計制度の改革後、日本企業の経営がグローバルスタンダードに追いついたかといえば、必ずしもそうではありません。これもまた、ゾンビ企業が増えた要因です。

もちろん、強い企業はグローバル化を加速させて海外で稼ぐという意識に転換し、実際にそうしました。アメリカでの製造販売のみならず、中国や東南アジアなどに製造拠点や販社を置いたのです。

しかし、中小企業の大部分は置き去りにされました。製造業でも多重下請《したう》け構造の下のほうの企業は日本に残りましたし、とくにサービス業を営《いとな》む中小企業には国内市場を相手にしている会社が多く、その国内市場自体が成長しないなか、厳しい戦いにならざるを得ませんでした。なんとか生き残ってきたというのが実態でしょう。

もし、中小企業がこれから海外をめざそうとするならば、いまであればまずはアジア市場がターゲットになるでしょう。

たとえば、私が2022年12月に長年のお客さまである中小企業にお誘いいただいて8年ぶりに訪ねたベトナムでは、バイクの洪水は相変わらずでしたが、高級車も走るようになっていましたし、日本の支援で建設中のホーチミンの地下鉄も開業が近づいていました。移動が楽になりますから、生産性も向上していくでしょうし、1億人へと迫りつつある人口は消費地としても魅力的です。

ただし、国内でしっかりしたビジネスを展開できていない企業が海外で成功を収められると思っていたら、余計に痛い目に遭《あ》いかねません。考えてみれば当たり前の話で、同じバックグラウンドを持ち、言葉も通じる相手に対してうまくビジネスを展開できないのですから、海外でうまくいく確率は低いはずです。

まずは、国内での事業の徹底、強化を行ない、基盤をしっかりさせてから、海外展開を狙うのがいいでしょう。**「徹底」は経営成功のキーワード**です。

## 「QPS」の独自性を追求せよ

それでは、ゾンビ企業にならず、100年先も生き残り続ける企業になるためには、どうすればいいのでしょうか。

経営学者のピーター・ドラッカーはマネジメントの役割を「特有の使命を果たす」ことと定義していますが、私は**「QPS」の独自性を追求することが、必然的に他社との差別化につながり、自らの組織に特有の使命を果たすことになる**と考えています。

QはQuality。あらためて説明するまでもなく、商品やサービスの品質です。

PはPriceで、価格。

SはServiceですが、お金をいただくサービスはQに入ります。お金をもらわない「その他のS」だと思っていただければいいと思います。たとえば「お店が自宅の近くだから買った」というケースは、商品そのものの質や値段とは関係ありませんが、差別化の一つの要因です。

各企業は、いまこそ独自のQPSを考え、差別化を図《はか》らなければなりません。

インフレ時は原材料価格が高騰《こうとう》している状況ですから、「P」については、可能なら値上げをするべきです。しかし、単に値上げをするだけでは、お客さまが離れてしまいます。私の顧問先のプリントパックのように、極力値上げを抑《おさ》えて差別化するという戦略もあります。しかし、多くの会社では値上げが必要な状況です。

では、どうするべきかといえば、お客さまから見て圧倒的な特色がある商品やサービスをつくるのです。お金をいただく商品・サービスで差別化できなければ、圧倒的な「S」をめざし、値上げをしてもお客さまが納得するQPSの組み合わせを提供することです。

QPSの組み合わせを速《すみ》やかに再考し、他社との差別化を急がなければなりません。

## インフレのいまこそマーケティングが重要

最近は値上げに踏み切っている企業も増えていますが、私が見ている限りだと、「値上げはできない。もし値上げをすれば誰も買ってくれなくなる」と思い込んでいる経営者も少なくないように感じます。

これは、そもそもの発想が間違っています。**原材料価格の高騰分程度の値上げをしてもお客さまに求められる商品を製造・販売しなければいけない**のです。いきなり定価を倍にするわけではないのですから、非現実的な話ではありません。実際に、ここ1年間のあいだで値上げに踏み切った企業のなかで、好調を維持しているケースは多く存在します。

値上げについては、多くの会社が、30年間ほど実行していませんでした。たとえば食品会社であれば、値段は据《す》え置きで商品の分量を減らす「ステルス値上げ」のケースのほうが、これまでは圧倒的に多かったでしょう。

もちろん、それも一つの企業戦略ですが、しかし「右に倣《なら》え」とばかりに他社と同じ対策を採《と》っているようでは、QPSの差別化はできません。お客さまが本当に求めていることは何なのかを考えるべきです。その意味で、現代ほどマーケティングの優《ゆう》劣《れつ》が業績の差に表れるときはありません。

マーケティングとは、営業のことではありません。営業はマーケティングのごく一部です。

お客さまが求めているQPSの組み合わせを見つけ出して、それを提供するプロセス全体が、マーケティングです。

## 利益を生み出すのはマーケティングとイノベーションしかない

ドラッカーは、企業が本質的に利益を生み出すものはマーケティングとイノベーションの二つしかないと考えていました。

**マーケティングとは、お客さまが何を求めているのかを見出し、自社の強みを考慮したうえで、それをQPSに落とし込んで提供するプロセスです。**

**イノベーションとは、世の中に対して新しい価値を生み出すことであり、QPSをドラスティックに変えることも、その一つです。**

マーケティングとイノベーションは戦略の根幹《こんかん》です。そして、戦略が企業の命運の8割を決めると、私は経験上感じています。「特有の使命」をマーケティングとイノベーションでいかに果たすかが、きわめて重要なのです。

私は社外役員や顧問をしている会社の会議に出席するとき、その会議でマーケティングとイノベーションの議論にどれだけの時間を使っているかを注意して見ています。社内の就業規則の変更やインボイス制度への対応といった話は、大切なことではありますが本質的ではありません。お客さまの方向を向いたマーケティングとイノベーションの話をどれだけしているかこそが重要なのです。

## 「マーケティングの５つのＰ」のどこかでイノベーションを起こせ

ドラッカーはイノベーションについて「新しい価値を創造することだ」といっています。

そこで意識するべきが、一般的に「マーケティングの４Ｐ」と呼ばれているProducts（商品）、Price（価格）、Place（流通）、Promotion（宣伝）です。そこに私は

Partner（協力相手）も加えて、「マーケティングの5つのP」と説明していますが、そのどこかでイノベーションを起こすことを考えるべきだといっています。

たとえば、印刷サービスを手掛《てが》けているプリントパックは、ネット印刷に注力して業績を格段に向上させました。これはPlaceを劇的に変えてPriceを下げたことが成功要因でした。

2020年からの新型コロナウイルスの感染拡大、そして2022年から続くロシア・ウクライナ戦争や円安など、世の中の状況は目まぐるしく変化しています。

たしかに激動の時代であることは明白ですが、**環境がどう変化しようとも、お客さまはその商品やサービスが自分が望むQPSの組み合わせであれば買うことに違いはありません。**自社の強みを活かし、QPSでどう差別化していくか（＝特有の使命を果たすか）を深く考えることが、どの時代も大切なのです。これができないと、単なる価格競争に陥《おちい》り、利益を減らすだけです。

## 「できることはすべてやれ、やるなら最善を尽くせ」

環境の変化を経営不振の言い訳にするのは簡単です。でも、私はそう口にする経営者に対して「本当にできることは全部やりましたか？」と問います。

コロナ禍《か》以降、苦しんでいる経営者の方々からアドバイスを求められるたび、私はカーネル・サンダースの逸話《いつわ》と彼のモットーから学ぶべきだと伝えてきました。

カーネル・サンダースという人物については、多くの日本人が名前を知っていることと思います。アメリカ発の世界的なファストフードチェーン店「ケンタッキー・フライド・チキン」の創業者です。

それでは、彼が何歳からフランチャイズビジネスを始めたか、皆さん、ご存じでしょうか。じつは65歳のことです。現在の世界保健機関（WHO）の定義に照らし合わせれば高齢者に当たります。

65歳からあれだけのビジネスを開始・展開した活力や行動力には驚かされます。さらにいえば、サンダースはフライドチキンのレシピを1000軒以上の店に持ち込んで提案したものの、当初は断られ続けたといいます。それでも彼は、決して諦《あきら》めなかった。

「できることはすべてやれ、やるなら最善を尽くせ」

これがカーネル・サンダースのモットーであり、その言葉の通り、実現できるまであらゆる行動をし続けたのです。


休日に体を休めるのはいいのですが、心まで休んでいるようでは、経営者に向いていないと思います。

もちろん、経営をしていれば、しんどいこともあります。儲《もう》からなくなると、「ひょっとして自宅を売らないといけないかな」「子どもに学校を辞めさせないといけないかな」と思う中小企業の経営者は多くいます。

しかし、**お客さまが求めるQPSを提供していれば、必ず会社はうまくいきます。**

それがマーケティングの根幹であり、イノベーションの原点なのです。良い商品やサービスを提供もせずに、金儲けをしようと考えたり、お客さまを無視した行動をとったりするから、うまくいかないのです。私は金儲けを否定しているわけではありません。金儲けは良い仕事をした結果なのです。

もちろん、「できることはすべてやれ、やるなら最善を尽くせ」は「言うは易《やす》く行なうは難《かた》し」ですが、実際に行動に移した方がいます。その一人が、ワン・ステップという宮崎の会社の社長を務める山元洋幸《ひろゆき》さんでした。

## コロナ禍に直面した
## ある宮崎の企業の逆転劇

山元さんは40代の経営者で、ワン・ステップの従業員は50人ほど。トランポリンや滑《すべ》り台など、空気で膨《ふく》らませる大きな遊具を貸し出す事業を展開している会社です。

山元さん曰《いわ》く、コロナ禍によって「売上が蒸発した」そうです。なぜならば、イベントが軒並《のきな》み中止になったから。

しかし山元さんは、「できることはすべてやれ、やるなら最善を尽くせ」というサンダースの言葉を実行に移し、この逆境をむしろ好機に変えました。

コロナ禍当初、マスクが品薄《しなうす》になったことは多くの方がご記憶されているでしょう。そこで山元さんは、遊具の製作を発注しているコネクションを活用して、中国からマスクを500万枚輸入して日本で販売しました。

これだけでも慧眼《けいがん》ですが、さらに注目するべきは、マスクの販売額に自分たちの利益を上乗せしなかった点です。

誰もがマスクを欲しがっていた状況を思い出せば、むしろ「ビジネスチャンスを見逃している」という指摘があるかもしれません。でも、コロナ禍はいずれ必ず収束します。そのときにどのような企業が選ばれるのか。少なくとも、ワン・ステップからマスクを安価で購入した人たちにとっては、同社の優先順位は上がるでしょう。

「利益を得なくて大丈夫？」と私が聞いたら、「おかげで全従業員の仕事がありました」というのが山元さんの答えでした。

## いかに「強み」を活かしていくか

山元さんは上記以外でも、ワン・ステップの「強み」を活かす戦略を立て続けに実行に移しています。その事例は多くの企業にとって参考になるはずです。

たとえば、マスクが正常に市場で流通するようになったころには、医療用のテントや簡易な陰圧室を製作・販売していました。

私はいま二つの病院の顧問を務めているので実情が分かるのですが、新型コロナ患者を受け入れるには陰圧室が必要となります。しかしこの陰圧室は、大きな病院にしか備わっていないケースが珍しくありません。また、病院でトリアージするためにはテントが必要になります。

そうした点に注目した山元さんは、ベッドサイドにおける簡易な陰圧室や寒暖を制御できるテントをつくり、病院に販売したのです。空気を制御する簡易建物をつくるプロであるというワン・ステップの特性を存分に活かしたといえましょう。

ワン・ステップはさらに、病院と仕事をしたことから着想を得て、獣医の方々と協働して厩舎《きゅうしゃ》で使える医療用のテントをつくるなど、事業の幅を広げました。

もちろん、祖業でもアップデートを模索しており、密を避けるために家庭内で使える一人用の遊具を製作するなど、さまざまな角度から活路を見出そうと取り組んでいます。いままでは建設現場で落下事故から人を救うクッションも製造しています。

## 持続するためには変化が必要

ワン・ステップの例で私がいいたいことはシンプルで、「コロナ禍という予期せぬ事態で売上が蒸発してしまった、どうしよう」と嘆《なげ》くだけならば、そんな経営者は必要ないということです。そして大事なのは、お客さまに新たな価値を提供し、従業員に仕事を与えること。そうでなければ、貴重な人材を自社につなぎとめ続けることはできません。

さまざまな分野で持続性の重要さが語られていますが、それは決して変化を拒《こば》むことと同義ではありません。むしろ、持続するために進んで変化しなければいけないのです。同じことをただ繰り返すだけでは、それは思考停止に他なりません。

そして、**企業にとってどのようなタイミングで変化が必要になるかといえば、お客さまのニーズが変わったとき**です。今回のコロナ禍もそうですし、競合がこれまでとは違う製品をつくるようになるなどの市場環境の変化によっても、お客さまのニーズは変わります。

「はじめに」でご紹介した、京都で平安時代から続く傳來工房の橋本和良《かずよし》会長は、同じ京都の何百年も続いている老舗《しにせ》のお茶屋さんに「同じものを売り続けて商売が成り立っていいですね」といったところ、「いいえ、味は変えているんですよ」と返されたことがあるそうです。

ある意味では当たり前の話で、時代とともに変化しなければ、いつしか世間のニーズから置いていかれてしまいます。商品の中身、あるいは業態そのもの変えることを、経営者はときに決断しなければいけないのです。

もちろん、傳來工房も、市場の変化に合わせてＱＰＳを変化させてきています。祖業は仏具などの鋳造《ちゅうぞう》ですが、その技術を活かして機械部品などの鋳造にも進出し、いまではポストや門まわりなど、鋳物《いもの》以外も含めた一般住宅のエクステリアも手がけて大きな売上になっています。伝統あるブランド力を活かした高級品です。

ただしその一方で、「絶対に変えてはいけないもの」があるのも事実です。それは何かといえば、「自社が何のために存在しているのか」という基本理念。そうでなければ「100年企業」にはなれません。

逆にいえば、**基本理念以外は何でも柔軟に変えるべき**だというのが私の考えです。戦略は目的や目標を達成するための手段にすぎません。目標達成のために戦略は変えるべきだし、そのためには、会社も人も変わらなくてはなりません。

一方、ときには、強みに専念するために、事業を売却することもあるでしょう。そのようなときには、従業員にはこれまでとは違う仕事をしてもらわなければならないかもしれません。ですから、自社でしか、あるいは、ある部門でしか通用しないような人材育成の方法ではいけません。**他社でも通用するような人材を育てておく必要があります。**

## 素直に謙虚に時代の変化を読み取って変革しなければ生き残れない

本書は「100年企業戦略ONLINE」での連載をもとにしていますが、2022年11月上旬、創業から114年の歴史を持つ佐久間製菓が2023年1月20日をもって廃業すると報じられました。同社が販売する赤い缶に入ったあめ「サクマ式ドロップス」は、名作として知られるアニメ映画『火垂《ほた》るの墓』(高畑勲《いさお》監督)にも登場していましたから、ショックを受けた読者の方も少なくないのではないでしょうか。

なお、誤解なきように申し添えておくと、緑缶の「サクマドロップス」を販売するサクマ製菓は営業を継続しています。

佐久間製菓の廃業の要因としては新型コロナウイルスの影響などが挙げられていま す。急激な円安やそれに伴《ともな》う原材料高なども起こっています。環境の変化にどのように対応するかは、企業にとって永遠の命題といっても過言ではありません。あらためて、そのように痛感させられたニュースでした。

本章では、お客さまが望むＱＰＳを見極め、「マーケティングの５つのＰ」を機動的に変えていき、場合によってはそれらを大幅に変えるイノベーションを起こすことが重要だと指摘しました。

私は、この点に目を向けたうえで、製品・商品はいうに及ばず、流通やプロモーション、場合によってはパートナーまでを見直せば、現在のような「変化の時代」の波に襲われても生き延びられる可能性は高いと考えています。

逆にいえば、**どんな時代でも生き残ることができる会社は、お客さまの求めるものをベースにしながら、自社をどんどん変えていける会社です。**

競合についても、素直に、謙虚に見なければなりません。競合にも教えてもらうという姿勢が大切です。素直に、謙虚に学んだことを、自社のQPSに落とし込み、競合が提供しているQPSよりも良いQPSを提供すれば、必ずお客さまは来ます。

ですが、そうした変革を敬遠する企業が存在するのも事実です。これは、経営者の考え方によるところが大きいでしょう。

かつて、「炎のコンサルタント」の異名《いみょう》を取った一倉定《いちくらさだむ》先生は、世の中に「良い会社、悪い会社」はないと考えていました。存在するのは「良い社長、悪い社長」だけだというわけです。

とくにスピード感が求められる中小企業は、新型コロナであれ円安であれ、経営者が素直に謙虚に時代の変化を読み取り、ライバルの動きも見ながら、お客さまのために自分たちは前向きに何を変えるべきか、変えるべきでないかを考えなければなりません。

経営は最終的には数字を見るしかありませんが、良い仕事の結果である数字が落ち始める傾向をいち早くつかめるかどうかが重要です。それをつかむためには、お客さまのところや店頭などに行って話を聞き、自社の商品やサービスがどのように扱われているかを、素直に、謙虚に見なければなりません。変に自信を持って「まだまだいける」と思っていたら、経営が傾いてしまいます。

## 「お客さま第一」かどうかはまず商品・サービスで判断する

当社の若いコンサルタントたちには、会社に行って何を見ればいいか分からなければ、とにかく「お客さま第一」の会社かどうか、外部志向かどうかだけを見てくるようにいっています。

具体的に何を見るのかというと、2段階あります。

1段階目は、商品やサービスです。お客さまが買うのは商品やサービスであり、商品やサービスにしか接しないことがほとんどだからです。

「私たちは満足を売っています」という経営者もいるのですが、そういわれたとき、私は少し意地悪《いじわる》ですが、「『満足』という名前の饅頭《まんじゅう》でも売っているのですか？」と尋ねます。

満足を売っているというのは、確かにその通りでしょう。反論はできません。しかし、満足は、商品やサービスを通じて売っているのです。商品やサービスに注目しないと、何をやるべきか、焦点がぼけてしまいます。

商品やサービスを見るときのポイントは、**競合と比べて、QPSの組み合わせが適切かどうか**です。

たとえば冷蔵庫であれば、家電量販店に行けばさまざまなメーカーの商品が並んでいます。それらを見比べることで、どのくらいの性能だとどのくらいの価格が適正なのかが分かります。同等の性能なのに価格が違えば、それがブランド力です。

私たちは、それを踏まえて、お客さまの会社の商品やサービスのＱＰＳが適切かどうかを見ています。具体的には、QとPとSのそれぞれについて細かく項目を分けて、競合と比較した一覧表をつくったりしています。

ただ、これは、その気になればお客さまが自分たちでできることです。コンサルタントという、社外の人間だからこそ気がつくポイントは、次の2段階目です。

## 「お客さま第一」かどうかを見る2段階目は働く人の「姿勢・考え方」

「お客さま第一」の会社かどうかを見るときの2段階目は、働いている人たちの姿勢や考え方です。

**独自のQPSで業績を上げても、お客さまを素直に、謙虚に見続けなければ、一時的に終わってしまいます。**

25年ほど前のことになりますが、ある電機メーカーの組織改革についての新聞記事を読んだことがあります。それは、そのメーカーの商品を販売している街の電気店からの注文を、白物《しろもの》家電なら白物家電、テレビならテレビというように、それぞれの事業部で受け付けるようにする、というものでした。

従来はどの商品でもまとめて受け付けていたので、これでは街の電気店の手間が増えてしまいます。しかし、メーカーとしては、このほうが合理的だというわけです。

これは、一番のお客さまの利便性を無視した、内向きの発想です。これでは、いくら商品自体が優れていても、いくら優秀な人材がいても、好調は続きません。

ドラッカーは「企業の一義的価値は企業外部にしかない」といっています。その通りで、**お客さまに認められない限り、企業は成り立ちません。**しかし、歴史があればあるほど、規模が大きくなればなるほど、会社は内向きになりがちです。

では、私たちはお客さまの会社を訪ねたとき、どこを見て、その姿勢や考え方を判断しているのかというと、**掃除《そうじ》やあいさつができているか**、です。

たとえば、受付に電話機が置いてあるだけの会社が増えています。それはいいのですが、その電話機の前に来客がいるのを見かけても、従業員が声をかけない、あいさつをしない会社があります。そうした会社が、本当にお客さま第一でいられるでしょうか。

掃除の行き届いていないオフィスでは、来客はもちろん、働く仲間も居心地《いごこち》がよくないでしょう。それで平気な人たちが、お客さま第一をできるでしょうか。

もちろん、掃除やあいさつをしているからといって、業績が上がるわけではありません。繰り返しますが、お客さまが買うのは、あくまで商品やサービスです。

実際、大企業のほとんどは、掃除を業者に任せています。しかし、それは大企業の従業員はもともと「基礎力」が高いからです。

あとで述べるように、掃除やあいさつを徹底することは、従業員の基礎力を上げることにつながります。基礎力とは、「思考力」と「実行力」です。基礎力が高まれば、お客さまに対する気づきを多く得るようになり、また、お客さまのために行なう活動の実行力も高まるのです。

## アンケートを取ることはお客さまにとって迷惑

お客さま第一というと、お客さまにアンケートを取ろうと考える方も多いでしょうが、そういうことではありません。一倉先生は、アンケートを取るというのは基本的にお客さまにとって迷惑な話だといっています。

もちろん、お客さまが満足されているかどうかなど、お客さまに聞かなければ分からないことを簡単に聞くのであれば、それは必要なことです。けれども、何ページもある質問票に答えさせたうえに、具体的なフィードバックもないようなアンケートは、お客さまにとって迷惑でしかありません。

私自身も、アンケート用紙への記入を求められて、迷惑に感じた経験があります。ある航空便に搭乗《とうじょう》した際の機内でのアンケートで、発着地など、自社で分かることを自分で記入しなければならなかったのです。機内で配っているわけですから、当然、アンケート用紙を配ったスタッフは発着地などを知っているはずです。お客さまの手を煩《わずら》わせるべきことではありません。

結局、お客さまのためではなく、内部志向で、自分たちのためにアンケートを取っているのです。

## 何ごとも「徹底できる会社」をめざそう

先ほど「良い会社、悪い会社はない。あるのは良い社長、悪い社長だけだ」という一倉先生の言葉を紹介しました。「できることはすべてやれ、やるなら最善を尽くせ」というカーネル・サンダースの言葉も先に紹介しましたが、「やるべきことを徹底できているか」は、経営者の資質とともに、社風によるところが大きいと私は考えています。

ドラッカーは、最初にやるべきは「現在の事業の業績向上」、次が「機会の追求」、3番目が「新規事業」だといっています。この順番で難しくなっていくのです。なお、機会の追求とは、事業を展開する地域を広げたり、同じ商品で顧客層を変えたりすることです。

そして、**現在の事業の業績を向上させるためのキーワードが「徹底」です。**徹底できる会社であれば、機会の追求もできるし、新規事業も成功させられます。けれども、現在の事業を徹底できていない会社が新規事業を立ち上げても、なかなかうまくいきません。

## 理屈ではなく意識を共有する

現代のような不確実な時代を生き抜くうえでは、従業員同士が迅速《じんそく》かつ適切に意思を疎通《そつう》したうえで、目の前の変化に対応できるか否《いな》かがカギを握ります。それはつまり、「良い意味でのコミュニケーションがとれているか」という問いにもつながる話でしょう。

ここでまず重要なのは、経営者が先頭に立ち、**理屈ではなく意識**を共有することです。

私は、**コミュニケーションは「意味」と「意識」の両方で成り立っている**と考えています。

たとえば、「コピーを100枚取ってほしい」というのは「意味」を伝えていますが、皆さんにも経験があるように、同じことでも好きな上司にいわれたら喜んでやりたいけれども、嫌な上司にいわれたらあまりやりたくないというのがありますね。これは「意味」の問題ではなく、「意識」の問題だからです。

いかに会社の指揮系統がしっかりしていたとしても、従業員全員が同じ方向を向いていなければ意味はありません。先行きが見通せない時代、変化に柔軟に対応するには、経営者が先頭に立って、まずは足元を固めなければなりません。そのためには「意識」の共通化が必要なのです。

## なぜ「掃除」が大切なのか

それでは、社員の意識を一つにするうえで、具体的に必要なことは何か。

私は**「小さな行動」を繰り返し行なうことが重要**だと考えています。意識を変える、意識を共通化する第一歩は、意識教育ではなく、「行動」です。まず体を動かすのです。

空手や柔道、あるいは華道や茶道などの「〇〇道」は、必ず「形」すなわち「行動」から入ります。われわれ凡人《ぼんじん》は、同じ行動を何千回、何万回と繰り返し行なうことで、その心や意識を理解することができるのです。

ここで提案したいのが、たとえば朝の掃除です。

私が代表を務める会社では、出社している社員で毎朝9時から事務所の掃除をしています。私も男性トイレなどの掃除をしています。

掃除の後には9時15分から朝礼を行なっています。その日の当番の社員が会社のミッションやビジョンを読み上げ、一人ひとりがその日の予定を発表します。当然、コロナ禍以降は、オンラインでの参加も認めています。

人間とは易きに流れる生き物なので、放っておくと自分勝手に動きます。しかし、とくに人数がさほど多くない中小企業は、一人ひとりの力や考えをいかに共有して、存分に発揮させられるかが焦点になります。だからこそ、掃除は一例に過ぎませんが、あいさつなどの小さな行動を皆で行ないながら小さなコミュニケーションを重ねることが大切です。そして、それがやがて社風を生み出すのです。

なお、正直にいえば、私の会社でもそうした社風が自分に合わないといって採用後すぐに辞めた人間もいます。ただし極論をいえば、それは仕方ありません。互いにしんどいと感じることをやり続けて、後でトラブルが起こるほうがまずいのです。

もちろん、掃除を例に挙げたことには大きな意味があります。

ビジネスパーソンは基礎力を磨き続けるべきです。基礎力とは、先にも述べたように、私は「思考力」と「実行力」だと考えています。この**実行力の大切さを知るうえで、掃除はじつに有効です。**いくら理屈を並べても、手を動かして机を磨かなければ綺麗《きれい》にならないのですから。

もう一つ、これはイエローハットの創業者である鍵山秀三郎《かぎやまひでさぶろう》さんも語っておられることですが、**毎日のようにきちんと掃除を続けると、自然と気づきを得る**ものです。これが「思考力」を養います。こうした習慣を重ねれば、上司が指示しなくても「自分は何をすべきか」を考えて自ら動く社員が増えるはずです。いずれにしても「行動」です。

## 意識を共有するコミュニケーションを

なぜ、あらためてこうした基本的な話をするかといえば、新型コロナによって、多くの会社で経営者と社員、あるいは社員間のコミュニケーションの質が落ちたからです。そして、コロナ後でも多くの会社でテレワークが日常になっています。その点にテコ入れすることが必要だからです。

コミュニケーションについては、いまでは多くの企業が課題を抱えているのではないでしょうか。アメリカでも一部の企業が出勤を促《うなが》しているように、オンラインではどうしても意識までは共有しにくいのです。

たとえば、セブン&アイ・ホールディングスはコンビニ部門の売上がコロナ禍前を上回ったと報道されました。

私が同社の社風で感心しているのは、鈴木敏文さんが経営を担《にな》っていた時代、全国のスーパーバイザーを毎週集めて会議をしていたことです。

費用的に考えれば、皆が毎週1カ所に集まるのは非生産的だったかもしれません。それでも鈴木さんは、面と向かってメッセージを発信し続けた。それが、いまに続く強固な社風をかたちづくり、高い収益性を勝ち得ているのだと思います。

一見すれば大いなる遠回りに見えますが、それが危機に強い会社ということなのです。これは、規模の大小にかかわらず、どの会社も参考にできる事例ではないでしょうか。

## 毎日朝礼をして業績を伸ばしている歯科医院

私のお客さまに、北九州を中心に24のクリニックを展開し、来院患者数年70万人を誇る、宝歯会という日本一の歯科医院グループがあります。

歯科クリニックは、数がコンビニよりも多く、収入は国が定めた診療報酬で多くの部分が決まりますから、人口減少が進む日本において成長市場というわけではありません。しかし、だから儲からないのかといえば、そんなことはありません。宝歯会は高い利益率を出しています。

それは、やはり特有の使命を果たすＱＰＳを提供しているからです。

たとえば、駅の建物内にあり、朝早くから夜遅くまで診察しているクリニックもあります。通勤する人たちが立ち寄りやすいようにするためです。ショッピングモール内に立地しているクリニックもあります。

お客さまが待っているときに座るチェアも、通常は五つくらいのところに10脚置いたり、できるだけ待たせないようにドクターの数を多く配置したりもしています。お客さまの利便性を突き詰めているのです。

それができるのは、意識が違うからです。ドクターも含め、全員が毎日朝礼をして、院訓を読み上げることで、お客さま第一を徹底できているのです。

院訓は「明るく元気で大きな声で挨拶《あいさつ》をする」「日本一綺麗な病院を目指す」「治療は詳しい説明の後に行う」の三つで、掃除も全員でしています。ドクターなどの専門職は院訓唱和や掃除を嫌がる人が多い職種ですが、宝歯会では皆前向きにやっているのです。

理事長室に入ると、500人ほどいる従業員全員のポラロイド写真が貼《は》ってあり、それぞれにフルネームと誕生日が書かれていました。まず全員の顔と名前を覚えるのが自分の仕事だと、梶原浩喜《かじわらひろき》理事長は話してくれました。それだけコミュニケーションを徹底しているのです。「同胞感」がとにかく大切だと理事長はいいます。

## 新聞から刺激を得ることの大切さ

社員の基礎力を上げるうえでは、新聞を読むことも大切です。

もちろん、忙しいときに、あえて隅々《すみずみ》まで目を通せとはいいません。『日本経済新聞』であれば、まずは**大きな記事の冒頭のリード文だけでも、訓練だと思って読む**ようにアドバイスしています。記事を最後まで読まなくていいのかと思うかもしれませんが、リード文に目を通すだけでも、世の中への理解度や関心の高さが劇的に変わります。

たとえば、台湾の世界的な半導体メーカーのTSMCが九州の熊本に進出しますが、このニュースにしても、ネットニュースの見出しで目にしただけでは、「熊本は誘致《ゆうち》に成功してすごいな」くらいの感想で終わるかもしれません。でも、それではダメなのです。中国と台湾の問題などを以前から新聞を読んで理解していれば、TSMCは台湾有事のリスクに備えて熊本に工場を置くことが分かるわけで、そこまで頭に入れて初めて、「うちの会社も中国ではなく、国内やアメリカ、オーストラリアなどに工場を置いたほうがいいな」などと考えを巡《めぐ》らせることができます。そして、多くの記事の関連づけができれば思考力も格段に上がります。

私が新聞を読むことが大切だと思うのは、知識を得ることもさることながら、世の中の動きや流れに関心を持つきっかけになるからです。

たとえば、セブン-イレブンのロゴは「7」という数字と「ELEVEn」のアルファベットを組み合わせていますが、「ELEVEn」の最後のnは小文字です。その理由については諸説あるようですが、そのことを知った読者の方は、明日以降、あのロゴを見るたびに小文字のnに目が行くはず。関心を持つからです。

このように、**関心さえ持てば、いままで目を向けてこなかったところまで意識するもの**なのです。

今後、環境の変化にいかに対応するかが、企業の命運を握るとともに、ビジネスパーソンの価値にも直結します。社会の動きに関心を持つことが大切だし、その手段として新聞から刺激を受けることはじつに効果的です。

とはいえ、社員の自発性に任せたら、明日から新聞を手に取る方は多くないかもしれない。だからこそ、会社として働きかけることが必要になるのです。

## 「評論家社長は会社を潰す」

結局のところ、会社を変えるのは経営者の意志や覚悟です。とくに中小企業の場合は経営者自身に実行力が求められますが、かつて一倉先生が「評論家社長は会社を潰す」と語っていたように、自分の実行力は棚上《たなあ》げして、評論だけ口にする経営者が少なくありません。社員はそんな経営者の言動を、思った以上に見ているものです。

私は「指揮官先頭」という言葉をよく用いるのですが、**経営者が自ら率先《そっせん》して動くようでなければ、どんな声をかけようとも部下はついてきません。**それが、リーダーシップというものです。

加えてもう一つ挙げるならば、「志」も大切です。**「世の中をよくする」「お客さま**

**に喜んでいただく」というような基本的な理念や信念がなければ、従業員に働く意味や喜びを与えることはできません。**

あえてこだわるわけではありませんが、その意味でも、掃除などの「小さな行動」がきわめて有効です。口ではなく手を動かし、この後に利用する人のためにオフィスを綺麗にするのです。

とくに大企業では、会社の仕組みがしっかりしているだけに、自分一人で何かをやることに億劫《おっくう》になる人間が少なくありません。その意味でも、**中小企業の人間のほうが実行力や思考力を鍛えられます。**それはすなわち、いまの時代に求められる人材といえます。

企業は、社員にそのような教育を与えるべきではないでしょうか。

## なぜ「女性活躍」が必要なのか

企業にとっては、結局のところ、「お客さまのニーズにどう応《こた》えるか」が重要です。そのためには、必要であれば**自分たちの意識や働き方までも含めて変わらなければなりません。**その一例が、女性活躍の推進です。

2020年代に入っても、毎年のように叫ばれている言葉に「ジェンダー・ギャップ」「女性活躍」があります。

世界経済フォーラム(WEF)は、毎年、各国の男女格差を測る「ジェンダー・ギャップ指数」を公表しています。経済・教育・健康・政治の4分野のデータから作成されている指標で、2023年の日本の総合スコアの順位は146カ国中125位。先進国のなかで最低レベル、アジア諸国のなかでは韓国や中国、ASEAN諸国よりも低い結果です。

もちろん、多くの企業が問題点を自覚していますし、役員・管理職に占める女性の割合を意識するなど、何がしかの対策を講じているでしょう。

しかし、「なぜ女性が活躍する企業や社会をめざさないといけないのか」と疑問に感じている読者もいるかもしれません。


それは、そもそも男女は平等であるべきですが、それにプラスして、視点の多様性が得られるからです。

女性は往々《おうおう》にして男性とは異なるきめ細やかな考え方をしていることが多く、また一般消費者を相手にする企業の場合、当然ですが、顧客には多くの女性が含まれるわけです。その際、男性だけの視点で仕事を進めていれば、どうしても市場のニーズと乖離《かいり》するなどのリスクが生じます。女性が社内で活躍することにより、いままで以上の女性視点のマーケティングがやりやすくなります。

また、現在は人手不足が叫ばれています。日本では長期的に生産年齢人口の減少が続きます。そんな状況下で、能力のある女性の力を活用しない手はありません。以前に比べれば、結婚や出産での就業率低下が解消の傾向にあることも追い風です。そろそろ次のステージとして、「いかに働いてもらうか」だけでなく「いかに活躍してもらうか」を考えるべき局面でしょう。

そのときに、女性にとっての働きやすさは、いま以上に追求して然《しか》るべきです。企業には人事制度などの整備が求められます。

そして何よりも重要なのは、実際に活躍する女性のロールモデルを早急《さっきゅう》につくることです。私はポーラ・オルビスホールディングスの社外取締役を務めていますが、化粧品で知られるポーラをはじめ、ホールディングス傘《さん》下《か》の子会社のいくつかは女性が社長を務めています。彼女たちは非常に適切に経営に臨《のぞ》んでいますから、そうした姿を見れば、各社の女性社員も管理職をめざそうと思うはずです。

多くの日本企業にはこれまで、暗黙のうちに男性が出世しやすい雰囲気がありました。大変なのは百も承知ですが、その雰囲気や仕組みを抜本的《ばっぽんてき》に見直さなければなりません。男女雇用機会均等法の制定から40年近くが経っており、本来であればとうの昔に着手しなければいけない課題のはずでした。それは結果的に、男性社員に刺激を与えて、会社全体の活性化へとつながるでしょう。

## 女性活躍と高収益の好循環をいかに生み出すか

もちろん、女性の活躍は「手段」であって「目的」ではありません。では、本当の目的は何かといえば、いうまでもなく企業や日本社会の繁栄であり、そのために女性の力をより活かすべきだというのが私の考えです。

さらにいえば、**女性活躍とは「真の実力主義」の時代への通過点にすぎません。**身も蓋《ふた》もない話ですが、男性か女性かと論じていること自体が本来であれば健全ではないわけで、能力ある人間が然るべき地位に就《つ》くのが最善です。

ただし、能力とは別に、性別に起因する「特性」はあります。私は能力については結局のところ男女に差はないと考えていますが、女性には出産などがあり、その点については十分に配慮しなければなりません。少子化が進むこの国ではなおさらです。男性の育児休業の取得も進んでいますが、社会全体で女性を支える意識を醸成《じょうせい》しなければいけないでしょう。とくに子育てに関しては、企業を飛び越えて社会全体の課題だといえます。

海外では育休の制度が充実している国が少なくありませんが、なぜそんな働き方が可能なのかといえば、企業や社会が十分に稼《かせ》いでいて、子育てや介護を行なわなければならない人たちを支えられるだけの体力があるからです。

この点に関して、名目GDPが30年以上伸びていない現実が日本にはあります。ドルベースでは、最近では円安もあり、むしろ減少しています。先述したように、名目GDPとは給料の源泉である付加価値の合計です。日本は30年以上、給料として分配する原資が増えていないということです。ドルベースでは、むしろ対外的な購買力が落ちています。だからこそ、余計な時間働いたり、出世に固執《こしつ》したりして、給料を稼ぐことを意識せざるを得ないのです。結局のところ、既存《きそん》の枠組みにこだわる男性社員の病理もここに起因するかもしれません。

経済的に余裕がある企業であれば、社員は自《おの》ずと育休を取りやすくなりますが、「貧《ひん》すれば鈍《どん》する」という言葉の通り、その逆のケースに陥り続けてきたのが日本でした。

**社会全体として、高収益企業を多く生むことが、女性が働きやすい世の中の実現へとつながります。同時に、女性に活躍してもらって高収益企業をつくるという感覚も必要となるでしょう。**

その結果、日本としてもＧＤＰが向上するし、子どもたちも増える。そうした好循環を生むために、いま何が求められているのか。まさしく、社会全体が自分たちの課題として向き合わなければなりません。

## 日本人は「女性活躍」の何たるかを分かっていない

このテーマについて考えるときに私がかねてより感じるのは、多くの企業が、経営者も従業員も含めて、そもそも女性活躍の何たるかを分かっていないということです。

私は、比較的、女性が活躍する社会で育ってきた人間です。

就職した東京銀行(現・三菱UFJ銀行)は、当時、四大卒女性が就職を希望する企業として有名で、私自身、勤めていた11年間で3回も女性の上司の下で働きました。当時、本店営業部長も女性でした。いまから40年ほど前の話で、当時の日本企業としてはきわめて珍しいことです。東京銀行は海外での活動が多かったこともあって、女性が活躍するのが当たり前の風土の企業でした(東京銀行で働いたうちの2年間はアメリカ留学で、そこでも男女平等が当然でした)。

初めからそうした会社で働いていれば、「役員・管理職に占める女性の割合」などをあらためて意識する必要がなく、職場で女性の能力を活かすべきと考えるのは自然です。ただし実際の問題として、現在の日本にもそうした企業は数少ない。私が経営者を育成するための幹部研修の講師を務める際、大企業でも中小企業でも、多くの企業で女性をほとんど見かけないのが実情です。もちろん、徐々に空気は変わりつつありますが、女性役員についても、依然《いぜん》として社外取締役以外は少ないです。

## 企業の風土にどうメスを入れるか

このように、女性が活躍する社会を経験した人が少ない以上、状況を打開するうえでどうしても「形から入る」のは致《いた》し方《かた》ないですし、最初の一歩としては適切でしょう。ならばいっそのこと、女性役員の比率にしても3～4割をめざすなど、急速かつ急激に改善するような対策を練《ね》るべきだと私は考えます。

なぜ、それほどドラスティックな変化が必要かといえば、各企業の生産性を向上させるためです。**実力のない男性ほど既得権益を守ろうとしがちですし、それが企業の成長を著しく妨《さまた》げているから**です。

もちろん、自分の地位を脅《おびや》かす存在を減らそうとするのは人間の本能ですから、一《いち》概《がい》に彼らを責めることはできません。だからこそ、まず思い切って実力的に遜色《そんしょく》のない女性を登用することが大事ですし、それが、その企業の風土を変えることにつながるのではないでしょうか。

一方の女性の側に目を向けても、もしかしたら、一部の人びとにはまだ遠慮があるのかもしれません。とくに中小企業で見受けられるケースですが、マネージャーの立場を敬遠する女性は少なくないと聞きます。20人ほどの当社でも、実際、以前はそうでした。

これは仕事観や人生観に関わってくる難しい話でしょう。とくに営業や製造などの現場はいわゆる「男社会」が色濃いですから、男性のアシストが自分の仕事ととらえている女性もいるのでしょう。

しかし、世の中は変わりつつあります。テクノロジーが進化しているいま、たとえば製造の現場でも、これからの時代はロボットのサポートを受けることなどで女性も活躍しやすくなるはずです。そのうえで、企業が積極的に女性を管理職に登用すれば、これまで女性管理職が少なかった職場でも、女性側の意識も次第に変わってくるでしょう。

この先、国内では生産年齢人口の減少から人手不足がさらに深刻化します。生産性向上のためにも、企業側もますます女性に活躍してもらわなければなりませんし、その意味では、経営者の意識の変化と行動が不可欠な条件となるのは自明の理です。

## 「伝説の経営コンサルタント」一倉定の哲学

本章の最後は、私が尊敬する一倉定先生の教えについて、あらためて紹介して締《し》めくくりたいと思います。

私は一度だけですが、一倉先生のセミナーに参加したことがあります。一倉先生が晩年のときの話で、70歳を超えておられたでしょう。当時は年に6回、テーマを変えながら東京でセミナーを開催されていて、私がお邪魔した際も700人くらいの経営者が参加していました。最盛期は1000人を超えていたそうですから、いかに一倉先生の教えが多くの経営者に求められていたかが窺《うかが》えます。

では、一倉先生の教えとは何か。その基本は徹底した「お客さま第一」です。それに関して、大企業には怒りにも似た視線を向けておられました。

一倉先生は、「大企業から来た人は宇宙人」という言葉を残していますが、どうしてそれほど強い物言いをしたかといえば、大企業はある意味では物凄《ものすご》い内部志向に陥りがちで、一倉先生は断じてそれを良しとしなかったからです。

私たちがコンサルティングしている会社の経営者のなかにも、一倉先生から直接の指導を受けた方が多くいらっしゃいます。そのうちの一人がお話をされていましたが、一倉先生は「会社に来てください」と頼むと足を運んでくれるらしく、昼前に現れてまずは近くのお店で蕎麦《そば》を食べたそうです。その後、社長にその会社のお客さまのところに連れていくようにいうのですが、その社長が訪問先のお客さまとよそよそしかったり、日ごろから足を運んでいなかったりした様子であれば、怒ってそのまま帰ることもあったといいます。それくらい、日ごろからお客さまを大切にすべきと考えていたのです。

## 「電信柱が高いのも、郵便ポストが赤いのも、全部社長のせいだと思え」

もう一つ、一倉先生の哲学の特徴を挙げるならば、「人の心」の何たるかを非常によく分かっている方だということです。「経営は心理学」とも表現されています。

「お客さま第一」などとともに「重点主義」を提唱していたのは、経営者は心情的にいろいろなことに手を拡《ひろ》げたくなりがちですが、人間はそこまで手広くやれない生き物だからです。一倉先生は、**とりあえずは三つ程度の重点項目に絞《しぼ》り、あとは徹底して環境整備に注力すべき**だと教えていました。

こうした「一倉イズム」は一倉門下生にはいまでも支持されており、令和のいまでも決して色褪《いろあ》せません。

また、私が一倉先生の本を周囲によく薦《すす》めるのは、非常に分かりやすいからです。「電信柱が高いのも、郵便ポストが赤いのも、全部社長のせいだと思え」「評論家社長が会社を潰す」など、言葉の使い方がじつに刺激的でうまい。だからこそ、中小企業の「やんちゃ」な経営者でも、自分の後ろめたい部分に一倉先生の言葉が刺さり、その教えが心のなかにスッと入るのでしょう。

その教えは、一般的な社長観とは異なるときもあります。

たとえば、多様な意見を集めたうえで経営判断すべきとよくいわれますが、一倉先生は**「民主経営は会社を滅ぼす」**と語っておられます。もちろん、衆知を集めることは重要ですが、他方で、多数決で決める経営はあり得ないわけで、衆知を集めたうえで最後には経営者が自らの価値観と責任のもとで決断しなければいけません。一倉先生は、その際の判断基準をしっかりと持つべきだと繰り返していました。

**「社長は会社に行く日数を制限しろ」**という教えも、じつにユニークです。理由は大きく二つあって、一つは社長がいるとどうしても皆が意見を求めるので、内部の人間が育たないから。もう一つは、会社に行かない日は積極的にお客さまのところを回り、勉強しなさいというわけです。

私の親しいお客さまのなかには、この教えを忠実に守り、あらかじめ年間で出社する日数を決めたうえで、「正」の字を書いてしっかりとカウントしていた方もいます。**「穴熊《あなぐま》社長は会社を潰す」**もこれに関連して、居心地のいい社内にずっといる社長を戒《いまし》めたものです。

## 一倉先生とドラッカーには共通する部分が多い

ドラッカーの教えも、じつは一倉先生の教えと共通する部分が多くあります。ドラッカーの場合は、よりアカデミックかつ理詰めで書いています。

ドラッカーは主著『[エッセンシャル版]マネジメント』(ダイヤモンド社)の冒頭で、マネジメントの役割を三つ挙げています。その一つ目が、「自らの組織に特有の使命を果たす」です。つまり、企業の一義的価値は企業外部にしかなく、その外部に対して商品やサービスで特有の使命を果たすといっているわけです。内部志向を排して「お客さま第一」を提唱した一倉先生の考えと見事に重なります。ドラッカーも徹底した外部志向の持ち主であったことが分かるでしょう。

そして、二つ目に挙げているのは、「仕事を通じて働く人たちを生かす」です。

私の解釈では、そもそもお客さま第一を貫《つらぬ》いていれば、自ずと自社特有の使命を果たすことにつながるし、そうして喜んでもらえたり褒《ほ》められたりすれば、従業員が働く喜びを感じるようになります。その結果、生産性も上がるわけで、企業にとってはまさしく好循環が生まれて経営が上向くということです。

三つ目は、「自らが社会に与える影響を処理するとともに、社会の問題について貢献する」です。自動車会社であれば、自動車が排出する二酸化炭素を減らしたり、事故を減らしたりすることが、これに当たります。地域のお祭りに協賛したり、会社の前のゴミ拾いをしたり、寄付したりといったことも含まれます。

ドラッカーはもともとオーストリアに生まれたユダヤ人でしたが、第二次世界大戦が始まってナチス・ドイツが攻めてきたので、最終的にはアメリカに逃れました。さまざまな苦労を重ねてきたので人の気持ちというものが分かったのでしょうし、非常に頭が良い方で、複雑なことも構造的に解析できたのでしょう。

## 二人が共通して問い続けた命題

一倉先生とドラッカーの共通点について述べましたが、もし彼らが現在の日本企業を見たならば、やはり「お客さま第一」「外部志向」の重要性を強調するでしょう。ドラッカーはよく「誰が顧客なのか」と問い掛けました。その顧客に対し自分たちの強みをどう活かせるのかが、二人が共通して問い続けた命題だったでしょう。

また、たとえば一倉先生であれば**「和気藹々《わきあいあい》の組織は会社を滅ぼす」**という言葉が有名で、切磋琢磨《せっさたくま》こそが正しい社風だと考えていました。これは、いまの日本社会に必要な教えではないでしょうか。

仲がいいのはもちろん良いことなのですが、得てして内部志向に陥りがちです。ドラッカー的にいえば、会社の目的や存在意義を明確にして、一所懸命にそこに向かって突き進めば、時には意見が対立するのは当たり前ということです。

しかし、いまの日本では、皆さんもご承知の通り、ハラスメントがすぐに問題になります。もちろん部下の精神を圧迫するようなパワハラは否定されるべきですが、意見あるいは価値観を戦わせることさえも自重《じちょう》してしまえば、企業の発展はありませんし、「お客さま第一」から遠ざかるばかりです。

外部志向で付加価値を生み出すうえでは、何が本当に必要なことなのか、しっかりと見極めることが必要です。そのために、企業の存在意義である「目的」、つまり、商品やサービス、価格で特有の使命を果たすことと、働く人を活かし幸せにするということを根本としながらも、その方法論では対立することもあり得るということです。

また、内向き志向に関連して、経営の大原則として、人に仕事をつけてはいけません。**仕事に人をつけなければいけない**のです。

ある人が暇《ひま》にしているからと、何がしか仕事を与えたとして、それが本当にお客さまのためになるのか。むしろ、お客さまには迷惑な場合も少なくないでしょう。なぜその人が暇なのかといえば、お客さまに価値を与えられる仕事ができていないから、ということが多いからです。「お客さま第一」や外部に対する価値を第一義に考えれば、大きな判断ミスはしないはずです。

日本社会を見渡しても、事なかれ主義の内向き志向の蔓延《まんえん》はかねてより指摘されていましたが、大企業だけでなく、中小企業でもその傾向があると思います。**経営者さえその気になれば、中小企業は小回りが利《き》き、変わりやすい**ので、お客さまにしっかりと寄り添い、新しい価値を与え、活躍できるはずです。そのような企業が1社でも増えることを心より願っていますし、そのときに一倉先生やドラッカーのような普遍的な教えに立ち返ることは意義深いはずです。

もちろん、私もコンサルタントとして、原理原則をアドバイスすることで、そうした会社を手助けし続けていきたいと思います。

## あなたの会社は大丈夫？ ①

- [ ] お客さまから見て圧倒的な特色を持つ商品・サービスを提供しているか？
- [ ] お客さまの変化に応じて、自らを変革しているか？
- [ ] 環境の変化を言い訳にせず、できることはすべてやり、最善を尽くしているか？
- [ ] 掃除やあいさつなどの行動を通して、社員の基礎力を高めているか？
- [ ] 経営者が評論家にならず、自ら率先して行動しているか？
- [ ] 女性の活躍を推進しているか？
- [ ] 経営者が「穴熊社長」にならず、お客さまのところに足を運んでいるか？
- [ ] 人に仕事をつけるのではなく、仕事に人をつけているか？

# 第2章

# 必ずまた訪れる
# 危機への備えはあるか

## 中長期の戦略を立てることが何よりも重要

そもそも、新型コロナや昨今《さっこん》の円安に関係なく、環境が変化するのは当たり前の話です。ですから私は、経営者の方から相談を受けたときに、よく「10年先、あるいは20年先を見越した計画を立ててください」とお話しします。具体的な数値でなくとも、10年後、20年後のあるべき姿を思い描くのです。いわゆる長期事業構想で、これを現実のものとして考えられている企業は世の中の動きに左右されにくいと思います。

私たちは、どうしても目の前のことに一所懸命になりがちです。それは、ある意味では人間の性《さが》なのかもしれませんし、仕方がないのかもしれません。でも、**現在の単純な延長線上に未来があるとは限りません**。少なくとも経営者がそのことを大前提に中長期のあるべき姿をしっかり持ち、なおかつ目の前のことを一所懸命やっていなければ、変化に耐《た》えられないのは当然です。

もう一つ指摘したいのが、目的と手段を履《は》き違《ちが》えている経営者が少なくないということです。

たとえば、近年ではDX（デジタルトランスフォーメーション）が叫ばれ続けていますし、実際にバックオフィスなどを変えた企業は少なくないでしょう。しかし問題は、それは環境変化への対応の本質ではないということです。

**社内のDXに「成功」したとしても、お客さまが商品やサービスを買わない限り、会社は成り立ちません。**ドラッカーがいうまでもなく、会社の一義的な価値は企業外部にあるわけです。

DXなどはあくまでも方法論の話であり、場合によってはベンダーに頼んでも対応はできるでしょう。ところが、お客さまのことを忘れ、DXそのものが目的と勘違いして、それだけで満足している企業もあります。まさしく本末転倒です。

## 中小企業も地政学的リスクに目を向けよ

それでは、どのような企業が堅実《けんじつ》な長期計画を立てられているのでしょうか。

私がコンサルティングしている企業を見ると、まずは、経営者自身が長期的に自社をどうしたいか考えていることが大前提です。

そして、**世の中の変化から目を背《そむ》けていないことも重要**です。たとえば、短期的には、ロシア・ウクライナ戦争。とくに中小企業には関係ないと思われるかもしれませんが、そんなことはありません。なぜならば、ロシアがウクライナに侵攻したことで、資源をはじめ原材料価格が上がりました。今後もこの傾向が続く可能性はあります。

中国の今後の動きもますます見えにくくなりました。中小企業のなかでも、中国と何らかの関係を持つ企業は少なくないはずです。中国と台湾の関係がおかしくなれば、日本経済にも大きな打撃となる可能性もあります。

私がいいたいのは、時代の変化として、地政学的リスクに鑑《かんが》みたうえで長期計画を立てなければいけない、ということです。人には正常性バイアスがあって、自分にだけは不幸が降りかかってこないと考えがちですが、そんなことはあり得ません。

具体的には、もし海外での活躍をめざしているのなら、比較的リスクが小さいアメリカやオーストラリアなどに市場を見出すのも手です。また、海外に工場を出している企業も多いでしょうが、いまのように円安が存在する以上、製造拠点を国内に戻すことも選択肢の一つです。

もちろん地政学的リスクだけではありません。日本は人口減少がはじまっています。少子化、高齢化も顕著です。それに関連して、財政状況も極めて悪く、社会保障の将来も不確実です。

このような話は、日ごろから国内外のニュースにも敏感な経営者でなければ、なかなかピンとこないかもしれません。その意味では、**情報に貪欲《どんよく》であることは、経営者**

**はもちろんのこと、ビジネスパーソンとして成長する重要な要素の一つ**といえます。

そうした最新の情報に触れることなく、現在の延長戦で乗り切れると思っていたら、大きな間違いといわざるを得ません。

## 毎年、3年計画を立てて、その1年目を実行せよ

長期事業構想を立てている会社のなかでうまくいっている実践的な手法を一つ紹介しましょう。

たとえば10年に一度、長期計画を立てているのであれば、それに基《もと》づいた3年計画を立てているケースが多いのですが、その際に、「毎年」3年計画を立て、その1年目にチャレンジすることが大切です。

3年計画を3年に一度立てていては、この変化の激しい時代では通用しないことが

多いと感じます。また、1年計画だけでは視点が短期的になりがちです。

毎年、長期事業構想に基づいて3年計画を立てるのです。そして、その1年目を実行するのです。そうして長期と短期の計画を連動させることで、バランスが良い経営ができます。

中小企業はもちろん、私が知っている大企業でも取り入れられている手法で、かなり有効だと思います。

## 「ショック」が起きる予兆を感じたら

まず大前提として、世の中に「ショック」が起きたとき、経営難に陥る企業は珍しくありません。1970年代のオイル・ショック、2008年のリーマン・ショック、そして令和のコロナ・ショック。「ショック」とは経済学では前後の大きな断裂《だんれつ》が起きることを指しますが、景気や国際情勢が不連続化してしまえば、平時に好調だった企業が暗転してしまうのは不思議ではありません。

私は経営コンサルタントとして、ショックが起きる予兆を感じたら、資金が潤沢《じゅんたく》にある会社をのぞいては、クライアントに「お金を借りてください」と呼びかけています。こうお話しすると意外な顔をする方も少なくないのですが、至って単純な話で、**企業はお金がなくなったときに潰れる**からです。このシンプルかつ当たり前の理屈を認識しておかなければ、自社を生き残らせることはできません。

会社は赤字が続いたからといってすぐに潰れるわけではありません。資金が尽きたときに倒産します。結構な頻度《ひんど》で大きなショックが起きる時代だからこそ、経営者はつねにこの鉄則を念頭に置かなければなりません。

経営難の要因が外部環境であれば、政府がお金を貸してくれるケースもあります。コロナ禍で多くの企業がダメージを受けましたが、一方で、コロナ禍の時期の日本の企業倒産件数に目を向けると、それまでと比べて非常に少ないことに気づきます。なぜかといえば、国が金融機関を通じて融資をしていたからです。いわゆる「コロナ融資」です。加えて、雇用調整助成金などの特別措置が拡充された結果、「手元にお金がない」という理由で倒産するはずだった企業が救われたのです。

しかし、借りたお金はいつかは返さなければなりません。お客さま第一を徹底し、収益力を高め、資金が潤沢にある経営が理想です。

## 不振の理由は外部環境か、内部環境か

ここで一つ、経営者の方々に自問自答していただきたいのは、自社が経営危機や不振に陥っているのは、外部環境と内部環境のどちらに原因があるか、ということです。

コロナ・ショックであれば明らかに外部環境ですから、金融機関からお金を借りて非常時をしのぐことが可能です。ところが、これが内部環境であれば話は違います。

**組織の生産性の低さや徹底の欠如《けつじょ》から商品やサービスが売れないという場合には、銀行は融資を回収できないリスクを感じ、貸し渋る可能性が高い**からです。

そのように内部環境に悩まされている会社に対して、経営コンサルタントの立場からは、資金的な余裕があれば、経営者の考え方を正し、社員を教育し直し、「お客さま第一」を徹底して「売上を上げましょう」というでしょうが、資金繰りが厳しい会社の場合には、まず最速で黒字化する道を選びます。

では、具体的にどのようなアドバイスを与えるか。

まずは何を措《お》いても「コスト削減」の一択《いったく》です。

「お客さま第一」で売上、利益を高めることが経営の大原則ですが、危機時には効果がすぐに出るか分かりません。そして、本当に「お客さま第一」ができていれば危機などには簡単に陥らないはずです。

一方、**コスト削減は、その気になれば効果が１００％約束されている対処法**です。

固定費はもちろんのこと、変動費も見直すべきです。

かつて日産自動車が危機に陥ったとき、「ミスター・コストカッター」によって徹底的にコストを削減して立て直したことを覚えている方も多いはずです。JAL(日本航空)の破綻《はたん》時にも、軍手《ぐんて》一つまでコストの見直しをしました。

大切なのは、月次でも四半期でもいいので、とにかくコストを削減し、まずは短い期間で黒字を達成すること。その意識と覚悟を持たなければ、お金が会社の外へと逃げていくだけです。

## 生産性を高める努力を怠るな

それでは、商品やサービスはそこそこ売れているけれども、生産性が低くて経営不振に陥っているなどのケースにはどう対処すればいいのでしょうか。

たとえばメーカーであれば、売れる商品を需要ほど生産できていないために、販売機会を逸失《いっしつ》しているケースなどが挙げられます。
この場合には、やはり**生産性を高める**ことを検討する必要があります。

たとえば、従業員の勤務時間を朝の8時半から夕方の17時に定めている工場があるとしましょう。この場合、8時半の始業から作業着に着替えたり、機械を暖機《だんき》運転しているようでは、実際には9時から働いていることと同じです。30分もの時間をロスしていると言い換えてもいいでしょう。

これを8時半から機械をフル稼働できる状況にすれば、どうでしょうか。単純に生産性が上がりますし、結果として採算ラインを超えるかもしれない。

これはあくまでも一例に過ぎませんが、生産性の欠如による売上の機会損失とは、それくらい企業にとっては勿体《もったい》ないことなのです。

この例でいえば、経営者側は従業員への時間外手当の支給を検討してでもアウトプットを増やしたほうがいい場合も少なくありません。

もちろん、見直すべきは製造の現場だけではありません。

営業でいえば、日中の会議は極力減らすべきです。なぜならば、お客さまが働いていて接触できる時間帯は、相手先の会社に足を運んだり、オンラインでも何がしかの提案をしたりするべきで、本来であれば社内の会議に時間を充《あ》てる暇などないはずだからです。

もちろんタイムマネジメントの工夫が必要になりますが、社内の会議が必要なのであれば、極力、お客さまが働いていない時間を見つけて行なうべきです。

## 一番よくないのは中途半端な規模の会社

同時に重要になるのが、ビジネスのスケールでしょう。

菅義偉《すがよしひで》政権の時代に政府の成長戦略会議のメンバーに選ばれたデービッド・アトキンソン氏は「日本は中小企業の規模が小さいことが問題だ」と語っています。私もその通りだと思います。

**社員の人数が少ないと、時に非効率な状況が生み出されます。**たとえば会社のホームページの管理にかかる費用は、20人の会社であろうが30人の会社であろうがほとんど同じです。一人当たりで考えると、企業規模が大きいほうが安いわけです。

これはＤＸについても同じことがいえます。

ＤＸは基本的に手順が決まっていて、まずは①すべての業務を棚卸《たなおろ》しして、それぞれが本当に必要か否かを徹底的に見直します。そのうえで、②不必要な業務はやめて、必要な業務は他社事例にも照らし合わせてＩＴ化を検討し、③それで生まれた余剰人員をより創造的な仕事に向かわせることが大原則です。その際に、ＩＴ関係の初期投資は、20人の会社でも30人の会社でもほとんど同じです。

より創造的な仕事とは、商品やサービスの企画、接客など、付加価値を生む仕事です。人手が浮いたからコスト削減のためにリストラしようというのでは、お客さまに提供する価値が上がりません。

ただし、誤解してはいけないのは、たとえば家族だけなど少人数で経営しているような企業が悪いというわけではないということです。なぜかといえば、**コストが低くて事業を回せるのであれば、それに越したことはない**からです。

たとえば、2023年3月末まで放送されていたNHKの連続テレビ小説『舞い上がれ！』では主人公のお義父《とう》さんとお義母《かあ》さんが大阪で2人でお好み焼き屋を切り盛りしていましたが、じつはあれはあれでベストなかたちです。変にアルバイトを雇えば、その人件費のために稼がないといけないし、規模も無理に大きくする必要が生じるかもしれません。

私の知り合いに、一代で東証プライム上場企業を築き上げた方がいます。その方がよく行くという、扉もないようなガード下の、煙がモクモクでお世辞にも綺麗とはいえない居酒屋に連れて行ってもらったことがあるのですが、そこの従業員は平均年収が1000万円を超えているということでした。それは、その規模がベストだということでしょう。

**もし仕事が十分にあり、かつ従業員にしっかりとした賃金を払えるならば、そのときに初めて事業の拡大を検討するべきです。**

経営コンサルタントの大先輩の一倉先生は、「同じ地域の同業者よりも1割高い給料を払え」と述べておられます。これはとても頷《うなず》ける話です。そのためには生産性を上げないといけないわけで、そうすれば好循環が生まれて、ゾンビ企業になることもないのです。

一番よくないのは、中途半端な規模の会社です。日本ではスケールが小さな企業が多く、たしかに非効率な側面は否《いな》めません。しかし一方で、企業とは大きければいいという話ではないことも、経営者は肝《きも》に銘《めい》じなければいけません。

お客さま第一を徹底し、適正な規模を見極めて経営することが、ゾンビ企業に陥らない重要な要素です。

ドラッカーは、**「大きくなるよりも強くなるほうが大切」**といっています。「強くなる」とは、お客さまが望む商品やサービスを適正価格で提供できることとともに、一人当たりの生産性を高め、収益力、財務力を上げることなのです。

## 雇用はできるかぎり保ったほうがいい

なお、コストカットという言葉から、人員の整理を連想する方もいるでしょう。

もちろん、いざというときにはリストラも考えなければいけませんが、認識しておくべきなのは、もしも業績が回復したとしても、一度雇用契約を切った従業員に戻ってきてもらうのは現実的ではないということです。とくに日本の場合、「出戻り」は稀《まれ》であると考えたほうがいいでしょう(ただし、良い会社では出戻りがあります)。

人員整理の判断が遅くなって会社が潰れては元も子もありませんが、それでも従業員の人生にも大きな影響を与えるため、きわめて慎重に考えるべき問題です。そんな状況を招かないためにも、普段から「お客さま第一」を徹底することで稼ぎ、そして、つねに手元にお金が十分ある状況をつくっておくことです。

**生産性の向上とは何かと具体的にいえば、働く人一人当たりの付加価値額を増やすことです。**

インフレを契機に賃上げが少し進んでいますが、そのなかでも5～6％も簡単に上げている企業があります。その会社の生産性が高いからです。そして、良い人材はそうした企業へと向かいます。

ドラッカーはかつて、21世紀は「知の時代」だと語りました。知の時代を生き残るためには優秀な人材を確保することが第一です。そのためには高い給料を払える構造にしなくてはいけません。そんな企業が好循環で業績を伸ばす時代なのです。

世の中には、少し儲かるようになると、すぐに贅沢《ぜいたく》をするようになる経営者も少なくありません。しかし、余裕ができたのなら、お客さまの視点で独自のＱＰＳを考えられる、良い人材を会社に入れるために使うべきです。

当たり前の話ですが、一人当たりの付加価値額を増やさなければ、企業の利益が増えて従業員の給料が上がることもなく、良い人材が集まることもありません。良い人材を集めれば、一人当たりの生産性も上がり、余計に良い人材を集めることができるという好循環に入れます。

## 中小企業が手元に置くべきキャッシュは「月商１・７カ月分」

それでは、具体的にどのくらいのお金を手元に置いておくべきなのか、考えてみたいと思います。

私がよくお話しするのは、大企業であれば月商１カ月分、中堅企業なら１・２〜１・５カ月、中小企業であれば月商１・７カ月分程度です。実際に日銀短観などの統計を見ても、多くの中小企業はそのくらいの資金を手元に持っています。そして、資金がボトムになるときでも、１カ月分くらいの資金は確保しておくべきです。売掛金《うりかけきん》の入金が遅れるなどによる連鎖《れんさ》倒産を防ぐためです（ただ、これはあくまでも平時なので、危機時はもっとお金を持つべきです）。

なぜ大企業と中小企業で差があるかといえば、**中小企業の場合は資金調達に時間がかかる**からです。

大企業であれば銀行がすぐにお金を貸してくれるでしょうし、コマーシャルペーパー（短期の社債）も比較的すぐに発行できます。しかし、中小企業の場合はそうはいかないケースが少なくありません。たとえば、取引銀行に頼んだとしても、2～3週間は入金まで待たされることもあるでしょう。そんなときに月商の1・7カ月分程度のお金があればとりあえずの急場《きゅうば》をしのげるし、対外的な支払いがショートする危険性も減らせるのです。もちろん、連鎖倒産も防げます。

身も蓋もない話をすれば、そもそも危機に陥らない経営を心掛けるに越したことはありません。

経営コンサルタントとして申し上げるのであれば、経営が苦しくなる企業は往々にして、「お客さま第一」が徹底されていないうえ、平時から経営管理がルーズで、お金が出ていくことに対しての意識が低いように思えます。いわば、水が滴《したた》っている雑《ぞう》巾《きん》のようなもので、やはりつねに絞って乾いた状態を保っておく必要があります。場合によっては、日産自動車のように、トップが代わらないと雑巾を絞れない企業だってあるでしょう。

いずれにしても、有事だからといって慌《あわ》てふためくことがないように、普段から「お客さま第一」を徹底するとともに多めの資金を保有することが、長く続く企業をめざすポイントです。

## コストカットは「意識」ではなく、とにかく実践ありき

企業は、来《きた》るべき危機に備えて、大企業であれば最低でも月商1カ月分、中小企業であれば月商1・7カ月分の資金をつねに手元に置いておくべきだとお話ししました。

危機時だけでなく、資金に余裕がないと、経営者の意識が「お客さま第一」ではなく

「資金繰り第一」になりがちなものです。

私が思うに、こうしたお金のリテラシーは、経営者はもとより、ビジネスパーソン全般に必要不可欠ですが、実際に備えている人は少ないかもしれません。


同様に、コストカットの重要性も、誰もが分かっているものの、適切に実行に移されるケースは多くありません。

しかし、それではダメなのです。そうした企業は、結局のところ、たとえ少額でもお金を大切にするというリテラシーが欠けていると指摘せざるを得ません。


近年の日本で、コストカットの成功例としてもっとも有名な事例の一つがJALの再建でしょう。

2010年、戦後最大の負債額を抱えて経営破綻したJALですが、稲盛和夫さんが会長に着任して以降、奇跡的に再生しました。

成功の理由を端的《たんてき》にいえば、「考え方」を変え、統一したということが挙げられますが、同時に「何をすれば、どれだけのコストが削減されるか」を、それぞれの部署はもちろん、一人ひとりが考え始めたからです。作業で使う軍手一つまで、使い方や仕入れを見直したと聞きました。

こういうとき、往々にして「意識を変える」という言葉が用いられますが、意識なぞそう簡単に変わるものではありません。無駄をしているということは分かっていても、「自分たちの部署だけやっても仕方がない」「波風を立てないほうがいい」という風潮があるものだからです。

そこで、**とにかく何でもいいから行動に移す**のです。たとえば、毎日１００円でもいいから節約できることがないか、部内で話し合ったうえで実践する。この「実践」が重要です。稲盛さんもＪＡＬに着任した後に、従来のパターンを変えないと立ち直れないという旨《むね》の言葉を社内に向けて発信しています。

## メスを入れるのは「非付加価値活動」から

会社のお金を大事に使うことへの意識を高めるのは、その企業の規模が大きければ大きいほど「言うは易く行なうは難し」です。

中小企業であれば、とくに経営者には良くも悪くも「会社のお金は自分の金」という意識がありますが、大企業に勤めている人は、そうした感覚はどうしても持ちにくい。だからこそ、具体的な改革を重ねて風土をつくるほかありません。各部署に責任者を置くなどすることからスタートしてもいいでしょう。

その際、注意しないといけないのが、**お客さまに対しての活動にメスを入れるのは「最後の手段」**だということです。

管理会計の言葉に「付加価値活動」と「非付加価値活動」というものがあります。

付加価値活動とは、お客さまに対する価値を高める活動のことで、製造や営業などがこれに当たります。一方で非付加価値活動とは、経理事務や内部で会議をしたり書類を作成したりする活動を指します。製造や営業部門でも非付加価値活動は存在します。

コストカットは、まずは非付加価値活動から着手するのが鉄則です。

ふたたびＪＡＬのケースをお話しすると、経営不振に陥っていたとき、私がヨーロッパにビジネスクラスで出張した際、希望した食事がすでに在庫切れだと断られた体験があります。もちろん、さまざまな事情があったことは推察しますが、苦境に立たされたときに、このようにお客さまに対する活動から削減していく企業は、意外と少なくありません。

しかし、お客さまはＱＰＳ、すなわちQuality、Price、Serviceの組み合わせでどの会社を選ぶかを決めているわけで、そうした一度の体験から、その会社が見放されても不思議はありません。

無論、フードロスの観点から無駄なストックを持てとはいいませんが、とくに高いサービスを求めてその分の高い金額を支払っている乗客に対しては、相応のサービスを提供しなければいけませんし、その本分を忘れてコストカットしていれば本末転倒というものです。

その後、ＪＡＬは改革の末、私から見ても非常に素晴らしいサービスを行なう会社へと甦《よみがえ》りました。やはり、稲盛さんが「外の目線」を採り入れたからでしょう。

たとえば、そのころ、私は頻繁《ひんぱん》に東京－大阪間を往復していたので、少しでも時間を節約するために飛行機を利用していたのですが、ＪＡＬのファーストクラスでは、温かいものと冷たいものは分けて、きちんとした食器に盛られた食事が提供されました。コーヒーはコーヒーカップ、ワインはワイングラスです。食事は弁当、飲み物は紙コップで提供する競合よりも、はるかに付加価値が高いサービスでした。

それとともに、ファーストクラスのチケットの値引きもなくなりました。以前は、購入する時期などによってはエコノミーと同程度の値段で買うこともできたのですが、それをしないようになったのです。ファーストクラスに乗って、それだけのサービスを受けたい人は、それでも乗るのです。

お客さまから見て付加価値が高ければ、価格は高くできます。付加価値活動のコストを削減して、付加価値を下げてしまっては、利益を圧迫するだけです。

私が経営者の方によくお話しするのは、**「一番厳しいお客さまの目になって、自分の会社を見ないといけない」**ということです。とくに航空は新規参入がそれほど簡単な業界ではありませんから、どうしても内部志向になりやすい。だからこそ、経営者はつねに外部志向を意識しないといけないし、それがひいては従業員全体の経営やお金のリテラシーを培《つちか》うことにもつながります。

値段を下げて客数を増やそうと、提供する食事をつくるコストを削減した結果、味が落ちて客離れを起こしてしまったファミリーレストランなど、付加価値活動のコストカットによって経営が悪化した例は数多くあります。**コストカットの大原則は、非**

付加価値活動から行なうということです。

## コストカットをしなければ銀行の支援も受けられない

会社全体としてコストカットの意識を高めることは、経営危機の際に銀行からお金を借りるうえでも必要不可欠です。

たとえば、資金繰りが厳しいときに新規事業を立ち上げるといっても、銀行は首を縦に振りません。新しい商品を開発するにも資金的余裕がなければいけないわけで、かえって火の車になると判断するのは当然です。

そうなると、まずはとにかくできるかぎりコストカットすると銀行側に説明するべきです。あわせて経営者は自分の給料を減らすなど、率先垂範《すいはん》して行動するのは当然の話です。

**銀行が融資するか否かを判断するうえで、大前提として経営者が必死かどうかを見**

**ます。**もちろん、すべてが人情の世界とはいいませんが、危機を前にしても依然として偉そうに構えて身の回りにもメスを入れないような経営者では、銀行員の心を動かすことは難しい。

ついでにいえば、経営者は普段から金融機関と接しておくべきです。経営状態が良いときも悪いときも、たとえば最低でも3カ月に一度は銀行の支店長を訪問して現状を報告しておけば、いざというときに忌憚《きたん》なく相談できます。

雨の日になってから「傘を貸してください」と頼んでも、とくに経済危機の折には他の企業も同じように銀行に相談しているわけで、そう簡単にはいきません。

銀行はよく悪し様《あざま》に語られがちですが、彼らは彼らで預金者から大事なお金を預かっているわけです。それも非常に薄い利ザヤのビジネスをしています。そうした銀行との折衝《せっしょう》は、普段から経理の人間に任せるばかりでは不十分なケースがあります。

ただし、銀行からお金を借りるために事業を考えるのでは本末転倒です。銀行の審査を通らないような事業では話になりませんが、事業はお客さまや社会のほうを向いて考え、マーケティングとイノベーションに思考を集中させなければなりません。

ホテル業のように先行投資が必要な事業もありますが、いまはさまざまなもののソフト化が進んでいますから、お金を借りなくてもできる事業が増えています。

## 事業欲の強い経営者は危うい

もう一つお話しすると、私は事業欲の強い経営者は危ういと考えています。

世の中には、業績が好調な時期にどんどんお金を借りて、事業を拡張する経営者がいます。「チャンスの神様には前髪しかない」という言葉もありますが、やれるときにやるべきだと思い込んでいるのです。おそらくは楽観主義なのでしょうが、そうして会社を潰した方を何人も見てきました。

一定以下に自己資本比率を落としてしまうと、環境が変化したときに対応できません。具体的には、**自己資本比率が10％を割るようならば、金融以外の業種では絶対に投資をしてはいけません。**とくに、ホテルや飲食店のような先に設備投資をしなければならない業種では、どこかに踊《おど》り場《ば》をつくらなければ資金繰りがもちません。

1990年にバブルが崩壊し、2000年前後に金融危機があり、2008年にリーマン・ショック、2011年に東日本大震災があって、2020年からはコロナ禍がありました。100年に一度や1000年に一度といわれることが、これほどの頻度で起きているのです。何も起こらない前提で経営をしていたら、うまくいきません。

もちろん、BCP(事業継続計画)を立てておくことも必須です。しかし、コロナ禍を予想できた人は少ないでしょう。**予想できないことが起こっても、キャッシュが手元にあれば切り抜けられます。自己資本比率をある一定以上に保つ経営が必要なのです。**

## 「物言う社外取締役」が求められる理由

自分の企業が経営難に陥ったとき、その危機感は意外なほどに社内で共有しにくいものです。なぜかといえば、社員は最終的には経営者に責任があると考えるからです。とくに外部要因ではなく内部要因で業績が不振に陥った企業においては、自分の能力に自信がある社員であれば、転職したいと考えても不思議はありません。**経営者がもっとも避けなければいけないのは、社員に不安を抱かせることです。**

私は先に話したように、コミュニケーションは「意味」と「意識」の両方が重要だと考えています。とくに中小企業の場合は、意識の共有が大切になります。経営者は自分で抱え込むことなく、まずは幹部とのあいだで、自社が置かれている状況について、きちんと共有すべきです。

そのとき、有効な手立てとなるのが、近年、その重要性が再認識されているように、物をいってくれる社外取締役を置くことです。

生《は》え抜《ぬ》きの社員はどうしても内部事情が頭にチラつくもので、これまでの経験則から「何とかなる」と思いがちです。そして、経営者に忖度《そんたく》しがちです。しかし、そんなときこそ、「このままだと会社はダメになる」と進言してくれる存在が必要なのです。

社外取締役を置くのが難しければ、コンスタントに会社に来てくれるコンサルタントや税理士にその役割をお願いするのもいいでしょう。

もちろん、大前提として、両者とも仕事をもらっている立場ですから、根拠のない楽観論を口にして経営者に媚《こ》びを売る人間もいます。その点については、経営者の人を見る目が問われるといっていいかもしれません。

## これから求められる「小さくなる能力」

もう一つ、先行き不透明な時代に経営者が意識するべき点は、「小さくなる能力」を持たなければいけないということです。これはつまり、部門や子会社を売却できる、**ときにはM&Aされやすい企業であることも大切**だということです。

見方によってはネガティブに受け止められるかもしれませんが、会社を守るという観点のみならず、M&Aによって自由度を高められる可能性だってあるのです。

「小さくなる能力」を持つうえで、企業には複数のボトルネックがあります。もっとも分かりやすいのが「人」です。従業員に転籍などで会社を辞めてもらうのはとても大変なことです。他社に行けば給料が上がるような人材ばかりならば問題ないのですが、現実問題としては、そううまくはいかないでしょう。

そこで重要になるのが、先にも述べましたが、**普段から従業員を鍛《きた》えて、他社でも通用する人材に育て上げておく**ことです。いろいろなことにチャレンジさせるのはもちろんのこと、社外の人と会う機会を増やしてあげることも必要でしょう。すなわち、会社という小さな世界がすべてだと勘違いしているような従業員ではいけないということです。逆にいえば、そういうことができている従業員のいる会社は高収益だし、潰れにくい。

経営者はつねに社会から評価を受ける存在です。従業員もそれと同じくらいの覚悟を持つべきとまではいいませんが、少なくとも他社でも通用する人材を育てられれば、間違いなく自社も儲かるでしょう。そして、そのうえで自社の理念に共鳴して働き続けてくれる従業員がありがたいのです。

時代や環境がどれだけ激しく変化したとしても、会社にとってもっとも重要な要素の一つは人材です。しかし昨今では、どうにも「部下を指導する」ことの重要性が軽視されている傾向があります。経営者はいま一度、社内でどのような人材を育て上げるか、そのためにはどのような教育が必要なのかを見直すべきでしょう。経済の先行きが見通しにくいときこそ、遠回りのように思われるかもしれませんが、それが結局は会社を守ってくれるはずです。

「小さくなる能力」を持つためのもう一つのボトルネックは、借金です。借金の多い会社は売上をそのまま返済に回していることが多いので、小さくなって売上が減ると、資金繰りが行き詰まるのです。

第4章で述べるように、有利子負債《ふさい》が多い会社は事業承継も難しくなります。

## あなたの会社は大丈夫？ ②

- ☑ 中長期の将来構想を立てているか？
- ☑ 地政学的リスクなど、外部環境の変化も考えているか？
- ☑ コスト削減や生産性向上のための努力を社員一人ひとりが徹底しているか？
- ☑ 大企業は月商1カ月分、中小企業は月商1.7カ月分のキャッシュが手元にあるか？
- ☑ 付加価値活動からコストカットをしていないか？
- ☑ 経営者が普段から金融機関と付き合って関係を築いているか？
- ☑ 自己資本比率は10％以上か？
- ☑ 他社でも通用する人材を育てているか？

# 第3章

# 社長が「生き方」の勉強をしているか

## 「考え方」が求心力の組織は長く続く

長く続く企業はどんな組織ですか?——とは、私がよく受ける質問です。じつはこの問いには明確な答えがあって、回答としてよく例に挙げるのが宗教団体です。それこそ1000年以上続いている団体だってたくさんありますよね。その理由を考えるならば、彼らは「考え方」を求心力としているからです。

松下幸之助さんは友人の勧めで天理教の本部に行ったとき、信者の方々がお金のためではなく純粋な信仰心から一所懸命に働いている姿を見て、雷に撃たれたような衝撃を受けたと語っています。

**人や組織が私利私欲のために動いているようでは、長続きしません。**現に松下さんはあくまでもより良い社会の実現のために事業を行なうようになり、これも松下電器

（現・パナソニック）が世界に冠《かん》たる企業に成長を遂げた大きな理由の一つでした。

お金をニンジンにしてお尻を叩けば従業員が働くかといえば、そんなことはありません。そのような会社は、短期的には業績を向上させられるかもしれませんが、長期的には続きません。「金の切れ目が縁《えん》の切れ目」の会社になります。そもそもお客さまは会社の金儲けには何の関心もないのですから、やはり良い商品を適切な価格で売り続けるほかないのです。それなのに数字を闇雲《やみくも》に求め続ければ、従業員は疲弊《ひへい》し、より条件の良い会社へと移るだけでしょう。お客さまも、そんな会社は好きではありません。

しかし、現在の日本企業を見渡せば、残念ながら数字ばかりを追いかけている会社が少なくないように思います。なぜそうなるかを私なりに考えると、経営者などのリーダーが「生き方」の勉強を疎《おろそ》かにしているからではないでしょうか。

私は全体主義が大嫌いですし、戦前の教育をすべて肯定するわけではありませんが、戦前は「修身」という授業でリーダーシップも含めた生き方をかなりきちんと学んでいました。修身の授業を受け、終戦の１９４５年に20歳だった人は、１９９０年に65歳になって、ビジネスから引退していきました。その時期から日本経済の停滞が始まったのは、偶然ではないように思います。

企業理念などの基本的な考え方は、本来であれば、宗教団体のように、１００年先であろうが１０００年先であろうが変わらないものでなければいけません。でも、経営者が人間の何たるかや生き方を学ばず、哲学を持っていないから、目先の数字だけを上げればいいと思い込んでしまいがちです。とくに上場している企業であれば、株主の目も気になるから、その傾向が強くなるでしょう。

しかし繰り返しますが、**数字を上げることは当然ではあるものの、それが目的化してしまうと、従業員は疲弊するばかりだし、何よりもお客さまはそんな企業を好みません。数字はあくまでも良い仕事をした評価や結果なのです。**

私はよく「相手の気持ちになれる人が成功する」といいます。経営者なら、お客さまの気持ちになれたり、働く人の気持ちになれたりする人が成功するのです。自分たちの都合《つごう》ばかりいっている企業や人はおかしくなってしまいます。

企業にとって金儲けは良い仕事の結果で、お客さまや社会からの評価ですから、もちろん大切ですが、自分たちが何のために事業を行なっているのか、社会にどう貢献するかという基本的な考え方を貫き通さなければ、とくにいまの時代には通用しないはずです。

## リーダーが学ぶべき三つのポイント

それでは、経営者をはじめとするリーダーは、会社経営を成功させるために、何をどのように学べばいいのでしょうか。私が考える三つのポイントを開陳《かいちん》したいと思います。私のお客さまに必ずお願いしていることです。

まず一つは、**新聞を読む**ことです。大きな記事については、最初の数段落だけでもいいので、必ず読んでほしいのです。これはつまり、世の中の動きをよく知るということと同義です。

「会社」という文字は「社会」の反対です。世情を知らずにお客さまのニーズには合わせられないし、会社の方向づけもできないことは、容易に想像できるでしょう。

二つ目は、経営者であれば**経営の勉強をする**ことです。ゴルフをやるならばゴルフの基本を学ぶべきなのと同じ話で、経営にも「経営の基本」があります。

私がよく推薦するのは、ファーストリテイリング会長兼社長を務める柳井正さんの『経営者になるためのノート』(PHP研究所)です。とても秀逸な経営書なので、読むことをお勧めします。もちろん、ドラッカーの本などを手に取るのもいいでしょう。私の本なら『経営者の教科書』(ダイヤモンド社)が基本です。

ただし、ドラッカーは別として、「経営学」の勉強はお勧めしません。

経営の勉強と経営学は根本的に違います。学問は過去の出来事を類型化するものですが、経営は未来に向かって働きかけるものだからです。未来は誰にも分かりません。過去の成功事例がうまく適用できることもあれば、できないこともあります。あくまでも、本質をきちんと理解することのできる本を読んでください。

そして最後の三つ目がもっとも重要で、**何千年もの人類の歴史のなかで、多くの人に「正しい」として語り継がれてきたものを学ぶ**ことです。

儒教や仏教、キリスト教などの宗教でもいいし、それが難しければ、それらを深く勉強されている松下幸之助さんや京セラを世界的企業に押し上げた稲盛和夫さんの本を読むことでもいい。長い歴史のなかで正しいと評価されてきたものには真理があるわけで、そこから学ぶことが成功の根本ということに、意外にも多くの人が気づいていないように思います。

たとえば、儒教の根幹に「仁《じん》」という教えがあります。仁という字は、「人」と「二」からできています。人が二人いれば、思いやりとリーダーシップが必要です。リーダーが持つ思いやりが、仁です。また、「義」という教えもあります。正義の義で、社会をよくすることです。

仏教であれば、その根幹は「利他」です。キリスト教の根幹は「愛」です。

お気づきのように、ここで紹介した三つのポイントは、何も特別であったり難しかったりすることではありません。しかし、しっかりと根気強く続けていけば、高い確率で経営や人生がうまく回り始めるはずです。

ウクライナ情勢やインフレなど、目の前の状況に対応することも必要ですが、まずは自分の足元を固めて、お客さまのために何ができるかを考えることも、とても大切なことなのです。

## 目的と目標を取り違えるな

私があらためてご紹介するまでもなく、日本企業の不祥事が後を絶ちません。記憶に新しいところでは、日野自動車によるエンジン性能試験を巡る不正は、国土交通省が2022年3月に型式指定を取り消す厳しい行政処分を行ないましたが、8月に入り、不正行為が少なくとも2003年から行なわれていたことが明らかになりました。ダイハツでも同様の不正がありました。

企業不祥事には、さまざまな原因が考えられます。経営者に難があったり、そもそも企業風土がよくなかったりする場合、あるいは縦割りの弊害など、組織の制度が遠因となることもあるでしょう。

そのなかでもとくに多いのは、経営者に問題があるケースです。私には、日本の経営者の質が以前と比べて劣化しているように思えてなりません。

では、具体的にどのような点で経営者の質が劣化しているのか。

第一に、志がないことや、そのこととも大きく関連して、「目的と目標の違い」が分かっていない経営者が多いと指摘しなければなりません。

昨今、パーパス経営という言葉が用いられるようになりましたが、目的(パーパス)とは、すなわち企業の存在意義のことであり、ドラッカーの言葉を用いるならば、企業が「特有の使命を果たす」ことと「働く人を生かす」ことの二つです。

一方で、目標とは何でしょうか。

目標とは目的に至るまでの通過点であり、達成度合いを測るための尺度と言い換えられます。売上高や利益は目標です。

**QPSの違いで他社と異なる特有の使命(=目的)を果たせているならば、売上や利益(=目標)は自ずと上がるはずです。**そういった点では、売上高や利益は「結果」ともいえます。

私にいわせれば、このような目的と目標の違いは至極《しごく》当たり前の自明の理ですが、残念なことに、それが分かっていない経営者が少なからずいます。勉強していないのです。

経営を頭で理解することは、じつはそれほど難しいものではないというのが私の持論ですが、そもそも基本的なことを理解していることがとても大切です。そして、理解するだけでなく、それを実践しなければなりません。

それにしても、目的と目標の違いなど基本的な部分を理解していることは基本中の基本で大前提です。

## 私利私欲に走るな

もう一つ、経営者が戒めなければならないのが、私利私欲に走ることです。

もっとも分かりやすいのが、２０１５年に発覚した東芝の不正会計問題です。報道されているところによると、社長が３日間で１２０億円の利益を出すように部門のトップに命じたといいますが、これはまさしく、目標であるべき数字が私利私欲のために目的化した典型的なケースです。

なぜ、そうしたことが起きたかといえば、日本を代表する名門企業というプライドがそうさせたのではないでしょうか。東芝は過去に経団連会長も輩出《はいしゅつ》しており、あくまでも私の感想ですが、あわよくば自分も……と経営者が考えても不思議はありません。そのためにライバルより良い業績が必要で、利益の水増しを行なったとも考えられます。

いずれにしても、目的と目標が混在していては、その企業に未来はありません。

**「お金を追うな、仕事を追え」**とは、15年ほど前に亡くなられた私の人生の師匠の曹《そう》洞宗《とうしゅう》のお坊さん、藤本幸邦《こうほう》先生から教わった言葉です。私はいまも肝に銘じている言葉で、良い仕事をすれば業績は後からついてくるものです。

本来、その企業が社会から求められているのは、何がしかの「成果」を上げること＝仕事のはずです。それに対して、お金（売上や利益）は「結果」に過ぎません。そこを履き違えてしまうからこそ、いくつもの企業が不祥事を起こしているのです。

中小企業でも、社長が私利私欲に走り、自分や一族だけが多額の給料を取ったり、なかには不正をしたり、そこまではなくとも、プライベートの出費を会社の経費で落とすなどする公私混同なども見受けられます。それでは会社がよくなるわけがありません。

## 経営者は「生き方」を学べ

それでは、なぜ、少なくない経営者が、目的と目標を取り違えてしまうのでしょうか。繰り返しになりますが、端的にいえば、私は「生き方」や「人間としての正しさ」を学んでいないからだと思います。それはすなわち、仕事を通じて自分は何を成し遂げなければならないかという「志」を立てていないことをも意味します。

ふたたびドラッカーの言葉を引用すると、「企業の一義的な価値は企業の外部にしかない」と彼は指摘しました。すなわち、**自分や自社のことしか考えず、世の中から見て、その会社がどうお客さまや社会に貢献しているかという視点がない人物がトップに立つと、いつかは不具合が生じてしまう**のです。

この点に関しては、やはり経営者の資質や勉強の度合いに拠《よ》るところが大きいといえます。そして、気概《きがい》のある社員が上層部に反旗を翻《ひるがえ》しても退職を迫られるだけですから、正しい志を持つ人ほど自ら転職したり起業したりしていくでしょう。

もう一つ、企業が凋落《ちょうらく》する理由としては、**「共同体化」**が挙げられます。堺屋《さかいや》太一さんの名著『組織の盛衰』(ＰＨＰ文庫)にも詳しく書かれていますが、これはつまり、本来ならば外部に対しての機能的組織であるべきはずの企業が、共同体意識が必要以上に強くなって、いつしか仲間内の利益を優先させる組織になってしまうということです。

不正をして成績を誤魔化そうという共同体は、厳しい言い方をすれば、反社会的勢力とやっていることが変わりありません。ドラッカーは「法律を犯す企業は、その存在さえ許されない」と語っています。私もまったく同意見です。

法律はすべてが「正しい」わけではないかもしれませんが、世の中の人びとが平和に暮らすため、最低限守らなければならないと決められたルールです。日本ではクルマは道路の左側を通行しますが、それが絶対的に「正しい」わけではないし、守っていても褒められることもありません。それでも誰もが遵守《じゅんしゅ》するのは、そうしないと危ないので、それを最低限のルールと皆で決めたからです。

## 会社はボトムアップでは変わらない

先ほども申し上げたように、経営者は「生き方」を学ばなければいけませんし、言い方を変えれば、生き方の勉強もしていない小利口《こりこう》な人物が経営者を務めていては、会社全体として自己中心的な内部志向となり、お客さまや社会のことを無視したり、少し数字を誤魔化してもいいと考えたりする社風が生まれやすいでしょう。

稲盛和夫さんは著書で、「成功の方程式」として、「考え方×熱意×能力」という表現をされています。

もちろん、熱意も必要だし、能力も必要です。しかしその二つを数値化するならば0点～100点だけれども、考え方はマイナス100点～プラス100点までつけられる。だから、もしも**生き方の勉強をしていないでマイナス点の考え方を持つと、掛け算して点数がマイナスになってしまう**というのです。

そんな人が上に立つ企業がどのような命運をたどるかは、あらためてお話しするまでもないでしょう。

そう考えると、もしも会社にメスを入れるならば、正しい考え方を持たず、あるべき組織をめざしていないトップを変えるほかありません。トップが変わらないのなら、社会が会社を淘汰《とうた》するでしょう。

そもそも、会社は下から「正しい組織」には変わりません。ひとたび不正を正当化するような共同体ができあがってしまえば、上から色を塗り変えなければ、松下幸之助さんがいったように「会社は社会の公器」であることを分かっていない内部志向の人の目を外に向けることはできないのです。

不祥事に対しては、多かれ少なかれ、各企業が内部統制を強化しようとしていますが、社長や社内の意識そのものが内向きでは抜本的な改革はできません。

## 変えるべきなのは意識ではなく行動

そこで直視しなければいけないのは、企業改革においてよく叫ばれる「意識改革」という言葉は何ら意味を成さないという現実です。少なくとも私は、これまでに意識改革を成功させた企業を見たことがありません。

改革するべきは、意識ではなく行動です。そもそも、意識が本当に変わったか否かなど確かめようがないでしょう。行動改革は、やっているかやっていないかがはっきりします。それにどうしても従わない人には、辞めてもらうほかありませんが、やっているかやっていないかが分かりやすいので、辞めてもらいやすいともいえます。

行動とは、やり方です。言葉遣いやあいさつも含みます。電話の出方もそうです。行動を変えるのです。そして、それをチェックすることです。

先ほど挙げた検査不正などについても、具体的なチェック行動を行なっているかをチェックするのです。それでもやらないような場合にはクビも辞さないというような対応をするのです。もちろん、抵抗する人もいるでしょうが、ときには性悪説に則《のっと》って対処することも必要です。その厳しさがなければ、社会に淘汰されるのを待つほかありません。大企業の場合は、それでもしばらくは生き延びるかもしれませんが、あの名門東芝でさえ完膚《かんぷ》なきまでに分解されたことを他山《たざん》の石として肝に銘じるべきです。中小企業ならひとたまりもありません。

コンプライアンスの問題は、ハラスメントとは異なり、徐々に社会が許容しなくなったわけではなく、昔から法律違反なのです。世の中の概念が変わったわけではないのですから、その意味では弁解の余地はありません。とくに、放っておいても儲かるような横綱相撲を続けてきた企業は、ぬるま湯に浸《つ》かって自分に甘くなっていますから、得てして不祥事を起こしやすい。いまこそ「会社は社会の公器」という考え方を思い返し、外部志向に徹すべきです。

一方、中小企業は大企業ほど外部のチェック機能を働かせられていないケースも多いですから、**経営者が正しい考え方をしっかり持つことと、社員の行動を変えながら、コミュニケーションを徹底して意識を共有していく**ほかありません。

いずれにせよ、トップが「悪いことをしてでも儲けてこい」というような企業に未来はありませんし、社員も働き甲斐《がい》をなくすので、決して社会が許さないでしょう。

もちろん、儲けが出ない会社は存続できませんが、儲けは良い仕事をした結果であることを認識していなければなりません。

## あなたの会社は大丈夫？ ③

- ☑ 法律を遵守しているか？
- ☑ お金ではなく、仕事を追っているか？
- ☑ トップが私利私欲に走っていないか？
- ☑ 仲間内の事情を優先していないか？
- ☑ 意識ではなく、行動を改革しているか？

# 第4章

# 事業承継の準備はできているか

## 社長とナンバー2は まるで違う

いま活動している多くの企業にとって、大きな課題の一つとして挙げられているのが、事業承継を成功させられるか否か、ということです。とくに中小企業のなかには、いかに後継者に事業を渡すかで悩んでいるところが少なくないでしょう。

当社は事業承継についてのコンサルティングも手掛けていますから、その経験をふまえて、本章ではその大前提やロードマップの立て方などを考えてみたいと思います。

当社では1年間のプログラムで「後継者ゼミナール」を開催しており、まもなく20年が経ちます。毎年いろいろな受講生と接して実感したのは、じつに単純な話ですが、**事業承継がうまくいくか否かは後継者のやる気に大きく左右される**ということです。

毎年、後継者ゼミナールとほぼ同時期に「コンサルタント養成講座」も開催しているのですが、両者では参加者のモチベーションが違います。コンサルタント養成講座は、参加者自身が参加したくて、自分でお金を払って来るケースが多いのですが、後継者ゼミナールの参加者には現経営者である親などにいわれて参加している人も多いのです。

ですが、一年経ち、後継者ゼミナールが終わるときには、「勉強になった。卒業するのが嫌だ」と泣く参加者も少なくありません。

次の世代にバトンを渡すことができるということは、程度の差はあれども、その会社がある程度しっかりと成り立っているからです。ですから、後継者が意欲を持って取り組み、あとで述べる大前提さえクリアしていれば、多くのことは解決します。もし後継者候補の能力が不足していたとしても、しかるべき勉強をし、経験を積めば次第に成長していきます。また、能力は他者が補佐することもできます。

他方で、意欲がなかったり、会社を背負《せお》う自覚がなかったりすれば、どうしようもありません。私利私欲の塊《かたまり》やわがままでも困ります。

「後継者ゼミナール」の受講生の多くは、すでに常務や取締役の肩書を持っています。しかし、私がよく彼らにいうのは、社長とナンバー2やナンバー3はまったく違うということです。現に受講生の多くは、卒業した後にお会いすると、「社長になってから、小宮さんが話していたことが本当に分かるようになりました」と口にします。

トップとして経営することは、事業承継する前に頭で理解しているだけでは分からないことなのです。できる限りの準備を重ねたら、あとは実際に、経営者の立場としてさまざまな経験を積むほかないのです。

## 借金が多いと親族以外が承継する選択肢がなくなる

先に「大前提」と述べましたが、それでは、その「大前提」とは何でしょうか。実際に事業承継するにあたって、難しいのはどのような会社か分かりますか？

答えは簡単で、多くの負債を抱えている会社です。

中小企業では事業承継と相続が履き違えられがちです。すなわち、「経営」と「所有」が一緒くたにされているわけです。

本来であれば、上場企業の多くがそうなっているように、経営と所有を分離するという選択肢も十分にあり得ます。それなのに、なぜそうした発想が出てくるかといえば、一番は借金の問題に起因します。


中小企業では、その構造上、有利子負債がゼロの会社のほうが少なく、経営者個人が連帯保証人になって億単位で借金をしているケースもあります。

最近は少なくなりましたが、私よりひと世代前の経営者には、一流ゴルフクラブの会員権や資産価値の高い土地など、会社よりも個人で大きな資産を持っている人が多くいました。借金の多い会社の場合、会社名義でなくとも、経営者が多額の資産を持っていると、銀行としても連帯保証を求めることとなります。また、一部の人は、会社で多額の借金をして、会社名義でゴルフ会員権や別荘を買ったりしていました。

会社が多額の借金をしている状況では、親族ではないナンバー2やナンバー3に会社を継がせようと考えても、彼らがリスクだと感じるのは当然でしょう。会社の借金に責任を持つことになるのですから。

そうなれば、会社を背負う覚悟を固めてくれるのは、親族くらいしかありません。結果、会社の借金も含めて子どもに受け継がれるわけで、だからこそ事業承継と相続が一緒に見えるのです。

個人保証をやめようという動きも出てきているので、今後は経営と所有を分離しやすくなるかもしれませんが、このように、**有利子負債を多く抱えている企業は、親族以外に事業を承継できる可能性が限りなく低い**のが現実です。

逆にいえば、借金さえなければ、あるいは、借金があってもそれと同じくらいの金融資産を会社が持っていれば、事業継承の選択肢が広がります。M&Aでどこかに買ってもらえることがあるかもしれません。しかし多額の借金があれば、よほどの技術力などがなければ、買い手はなかなか現れませんし、現れたとしても、買収金額が小さくなります。

さらには、借金がなくとも、株式の問題があります。

上場企業でもないのに、株式が分散すれば、その分、経営の自由度が下がります。私は経営コンサルタントとして、株式が分散したせいでとても苦労した会社をいくつか見てきました。その点では、できれば一人の子どもにだけ株式を相続させるのがベストです。他の子どもたちには、会社の株式以外の資産を相続させるのです。**ステークホルダーを減らすのは、経営のコツの一つ**です。

そうした点でも、親族、それも子どもへの事業承継が増えるわけです。

## 負債を抱えている会社は経営改善から

M&Aなどに際して、会社の値段がどう決まるかというと、さまざまな計算手法があります。たとえば、企業が将来生み出すキャッシュフローを推測し、その現在価値を計算し、そこからネット有利子負債(有利子負債から現預金を引いたもの)を引くやり方があります。あるいは、過去数期の営業利益に減価償却費を足し戻し(EBITDA)、その数字をベースにしながら、そこからネット有利子負債を引くという手法もあります。

少し難しかったかもしれませんが、いずれにしても、有利子負債が多ければ多いほど、会社の値段は下がることになります。値段が下がるだけならまだしも、M&Aでは買い手のつかないこともままあります。

さらに、借金を抱えたまま経営者が死亡した場合、子どもがいれば、相続放棄しないかぎりは実質的に借金を抱えないといけません。

ですから、財務内容の悪い会社は、事業承継する前に財務内容の改善、そして、そもそもの経営を改善することが望ましいのです。


他方、財務状況がさほど悪くない会社で後継者選びが難航するケースを、私はあまり見たことがありません。親族でなくても事業承継はできますし、売却する場合も、優良企業ですから、比較的買い手を探しやすいということがあります。

その意味では、**優良な中堅中小企業と、負債に苦しんでいる会社とでは、事業承継の問題は分けて考えなければいけない**でしょう。

## なぜ「マネジメントチーム」が必要なのか

それでは、財務内容がいい、あるいは悪いにかかわらず、実際に事業承継を進めるうえで、どのような準備が必要でしょうか。

規模が小さい会社であっても、やがて事業を承継する、しないにかかわらずお勧めしたいのが、しっかりしたマネジメントチームを構築することです。

とくに現在の経営者が創業者の場合、何ごとも自分で判断して物事を決めてしまいがちですが、それでは部下の経営を考える力が育ちませんし、ガバナンスの観点からも、それはよくないことです。

仕事においては、松下幸之助さんの「衆知を集める」という言葉の通り、知恵を結集するチームを形成することがとても重要です。その過程で、経営判断ができる後継者候補を育てていけばいいのです。その意味では、**マネジメントチームをつくり、常日頃から衆知を集める経営を心がけて、それを通じて人を育てていくことが、結果として事業承継の準備になります。**

## ドラッカーが指摘する企業が成長できない三つの理由

ドラッカーがじつに興味深い考察を残しています。

ある程度は大きくなった企業がそれ以上成長できないケースには、三つの理由があると彼はいいます。

一つは**キャッシュフローよりも利益を優先しているから。**

とくに小規模な会社を経営している経営者はよく分かると思いますが、利益よりもキャッシュフローがどれだけあるかが、会社にとっては死活問題です。

ある程度の規模になったり、小さくても上場したりすれば、銀行との関係や投資家対策で利益を優先しがちです。でも、企業が本当に強いか否かの源泉は、あくまでもキャッシュフローに帰結《きけつ》します。

二つ目の理由が、先にお話ししたマネジメントチームの欠如です。

規模が大きくない会社は往々にしてワンマン経営に陥りがちです。しかし、自分以外に経営の意思決定を担《にな》える人を育てておかなければ、会社が成長したとき、各部署に経営が分かる人間を配置することができません。

繰り返すようですが、この点が事業承継とも密接に関わる話です。マネジメントチームが育っていて、財務内容がさほど悪くなければ、いざ事業を承継しようと考えたとき、そのなかから適任者を選べばいいわけです。マネジメントチームがしっかりしていれば業績も向上するはずで、財務内容も結果的によくなります。

また、自身の子どもを後継者と決めている場合でも、その子を含めたマネジメントチームをつくっておけば、事業承継しても、そのチームが新社長を支えることになります。

## 経営者はまず自分自身を見つめ直すべき

ドラッカーがいう、ある程度大きくなった企業がそれ以上に大きくならない三つ目の理由も、事業承継を考えるうえで示唆《しさ》に富んでいます。

ドラッカーは、**経営者が自分の位置づけを見失うケースが多い**と指摘しています。とくに創業者であれば、自らの手で会社を育ててきたわけですが、いつしか65歳や70歳を迎えたとき、自分は次に何をすべきか、すべきでないかを考えないといけません。しかし、知識や経験を活かして、いくつになっても経営の第一線にいようと考える人も出てくるでしょう。

本当なら引退し、次の人にバトンを渡すのがベストということも往々にしてあるものです。でも、それに踏み切れない。あるいはバトンを渡す人がいないケースもあるでしょう。

その結果、社内の新陳代謝が遅れて、成長がストップするのです。

とくにオーナー経営者に対して、潮時《しおどき》だと肩を叩く人はそういるものではありません。でも、一人の人間が長きにわたり権力を手にしていれば、どうしても組織は停滞するし、ガバナンスもききにくくなります。経営者自身も年老《としお》いて判断力が衰えているかもしれない。

いわゆる「老害」について、私は意思決定を誤るうえに、そのことを認めない人だと定義していますが、そうした人物が事業承継を検討しないのは、会社にとって不幸といわざるを得ません。

その意味では、事業承継において大切なことは、松下幸之助さんも折《おり》に触れて語っていた**「素直な心」を現経営者が持って、自分自身と会社を見つめ直す**ことです。

「これから先も自分は経営判断を間違わない」と信じ切っている経営者ほど、大きく道を踏み外します。事業承継のロードマップをつくるのであっても、経営者自身が素直で謙虚であることが大前提です。そのうえで、財務内容の見直し、マネジメントチームのあり方について検証すべきなのです。経験上、**承継しても3年間ほどは新社長と伴走するのがうまくいく**と感じています。

私の知り合いにも何人か急逝《きゅうせい》した経営者がいましたが、そのとき、遺《のこ》された会社に意思決定をできる人が一人もいないようでは困ります。その意味では、繰り返すようですが、健全な財務内容やマネジメントチームが大切になります。

経営者は、自分の会社が社会に必要だと本当に信じているならば、そうした緊急の事態も想定しておかなくてはなりません。

その姿勢を持ち、マネジメントチームの形成、経営・財務内容の改善などのロードマップを適切に作成すれば、事業承継も自ずとうまくいくはずです。

## マネジメントチームをつくる利点

なぜ、マネジメントチームをつくるべきなのかをあらためて述べると、**5人前後のチームに普段から経営について考えさせておけば経営者としての自覚や判断能力が身につき、そのなかで優れた経営判断ができそうな人物に事業承継すればいい**からです。

私が深く関わる会社でも、先日、5年以内の引退を考えているCEO(最高経営責任者)がCOO(最高執行責任者)に2人を選びました。共同COOです。それも、もともとは4~5人で構成していたマネジメントチームから選んだ人間でした。おそらく、共同COOの2人のどちらかが、5年以内にCEOになると思います。

マネジメントチームをつくれば、**選ばれた側の人間にも、「自分たちのなかから次の経営者が出るかもしれない」という自覚が生まれます。**加えて、**日々の経営判断から、**

**経営者に求められるものは何かを身をもって学ぶことができる**でしょう。

当社は20人ほどの経営コンサルティング会社ですが、やはり私をのぞいた5人のマネジメントチームがあり、「私だったらどう判断するか」ということを考えてもらっています。

もちろん、これぞという人物がいるのであれば、外部から後継者候補を連れてくることも検討すべきです。借金の問題がなければ、それができます。ただし、自社の企業文化を知っている人を後任に選ぶことができれば、事業承継がスムーズに進む可能性が高まります。

株式のことなどを考えれば、ご自身の子どもという選択肢も大いにあると思いますが、しかし、その場合でも、経営がある程度できることが大前提です。子どもはどうしてもかわいいもので、ひいき目で見がちですが、後継者選びを間違えてはいけません。

## 「足は大地に、目は星に」

それでは、具体的にどのような人物を次の経営者に選べば、「100年企業」に向けて会社の寿命が延びるのでしょうか。

経営とは大きく三つの要素から成り立っているというのが私の持論です。それはすなわち、「企業の方向づけ」「資源の最適配分」「人を動かす」です。現に当社で主催している後継者ゼミナールでも、これらを徹底的に意識づけています。

このなかで、とくに重要なのが「企業の方向づけ」です。これがすなわち戦略であり、先述したように、戦略が企業の命運の8割を決めます。

**経営者に求められるのは、会社として「何をやるか」「何をやめるか」を戦略的に判断する能力です。**そのうえで、10年や20年のスパンで会社をどういう姿にしていくかというビジョンを描かなければいけません。もちろん、これまで申し上げたように、マネジメントチームを構成して衆知を集めるべきだと私は思いますが、それでも最後には、経営者は自らの責任のもとに判断しなければいけないのです。

会社のミッション（＝存在意義）は、ともすれば１０００年経っても不変かもしれません。ただし、そのミッションを掲《かか》げながら、**具体的にどういう姿、状態になるかというビジョンは、必要であれば時代に合わせて変えなければいけません。**とくに、未来を見据えて会社の針路を方向づけることは、誰にでも容易にできることではありません。

だからこそ、後継者候補をまずはマネジメントチームに入れることで、育成したり能力を見極めたりする必要があるのです。もちろん、やる気があるのなら、ご自身の子どもなどを入れても大丈夫です。

一方で、経営者として失格なのは、遊びほうけているような人は論外ですが、目の前の仕事にばかり気をとられて、未来に向けたビジョンを描けない人間です。目の前のことだけをやるのなら、経営者でなくても、部長でもできます。

あるいはその逆で、理想ばかりを追いかけて直近の事業を疎かにすれば、会社として成り立たないのは明白です。

そもそも、経営者もある程度は現場の仕事ができなければ、社員からの信任を得られません。これは「車の両輪」のようなもので、**現在と未来、あるいは現実と理想の二つを同時に動かすイメージが経営者に求められる資質であり、その積み重ねが長寿企業への道へとつながる**のです。

20世紀初めのアメリカ大統領セオドア・ルーズベルトは、「足は大地に、目は星に」という言葉を残しています。

もしも経営者が足元ばかりを見て歩いたら、いつしか方向を間違っているかもしれません。また、遠い未来のことばかりを見ていれば、反対に足元をすくわれるでしょう。

ルーズベルトの言葉は、どの時代にもリーダーに求められる姿勢と能力を端的に表しています。

## 親族への事業承継でも他社を経験させるべき

中小企業では、子どもをはじめとする親族に承継する事例が多いでしょう。そうしたケースで気をつけるべきなのは、「世間知らず」の親族に後を継がせてしまうことです。

たとえば、大学を卒業してすぐに自社に入れることは、デメリットが多いといわざるを得ません。まずは自社とは関係のない会社で働かせるべきだし、少なくとも周囲にチヤホヤされる環境に置くべきではありません。

もしも、自分の親が経営する会社に入ったならば、周囲からは「将来は彼(彼女)が社長になるんだな」という態度で接せられるでしょう。本気でアドバイスをくれたり叱ったりしてくれる人にも巡り会えないかもしれません。それでは、本当の意味での自分の実力を知ることができません。こんなに不幸なことはないし、経営者になるために必要な資質である素直さや謙虚さも身につきません。私はそういう人たちを多く見てきました。

それよりは、関係のない会社で磨《みが》かれ、世の中を知ったほうが将来に活きます。

私はセミナーでよく、あえて厳しい口調で、「皆さんは、自分の親が社長でなかったら、社長になれたでしょうか」と問いかけます。そのうえで、**「血縁関係がなければ社長になれないようであれば、事業を継いでも『ぶら下がり社長』に過ぎない」**と話します。

もしも他の会社で働いた経験があれば、自分の会社の良い部分と悪い部分を客観的に分析することができます。自分の実力もある程度客観的に分かります。そして社会人であれば、若いうちにさまざまな辛《つら》い仕事や嫌なこともあるでしょう。社会や会社にもまれるのです。そうした経験はとても大事で、逆にいえば、さまざまな経験を積んでも芽が出ないような人物ならば、会社を継ぐに相応《ふさわ》しい人間ではないかもしれません。

もちろん、事業を承継するうえでは、経験だけではなく「経営の技」を勉強しなければいけません。たとえば、自己資本比率を一定以下に落とさないことや、手元流動性をどれくらい確保すればいいかを学ばないといけないし、財務内容をしっかりと理解する能力を養わないといけない。マーケティングや戦略の基本理論も勉強しておく必要があります。基本的なことをしっかり押さえておけば判断がしやすいですから、そのうえで、描いたビジョンを実現するための新たな挑戦をすればいいのです。

事業承継はあくまでもケースバイケースで、子どもが優秀であれば任せればいいし、それに越したことはありません。ただし、私が知る限りですが、近年、優良な中小企業であればあるほど親族以外を後継者に選んでいるケースも多いように思います。

会社に多額の借金さえなければ、所有と経営を分けて考えたうえで、親族にこだわることなく優秀な人間に事業を承継することも可能になっています。株式を子ども一人だけに引き継がせる場合でも、所有と経営を分離することは、もちろん可能です。

## 「散歩のついでに富士山に登った人はいない」

これまで、私はさまざまな会社を見てきましたが、中長期的な視点を持つ経営者が少ないと実感しています。

これはビジネスの世界に限った話ではなく、政治の世界にもいえることでしょう。あるいは官僚の知り合いと接していても、優秀な人間でも「明日の国会をどう乗り切るか」という発想に陥っているように思います。

このような状況でマネジメントチームをつくるにあたっては、日々の経営判断を行なわせるとともに、**年に数回は会社の将来を話し合う機会をつくる**ことをお勧めします。あるいは、年に1度くらいは合宿などをして、10年後や20年後の自社のあり方を議論してもいいでしょう。

目の前の仕事だけを考えていると、将来を考える能力が失われます。だから、仕組みとして、中長期の視点で事業を考える機会をつくらないといけないのです。

人間は、放っておくと目の前のことしかやりません。あえて、そうした機会をつくることが大切です。

私の会社では、さまざまな業種の経営者が25人ほど集まって10年以上先のことを考える、2泊3日の合宿も毎年開催しています。参加するのは、各企業から経営者一人だけです。部下の参加は認めていません。

さらに、各社から、多いところでは10人ほど、少なくても2〜3人のマネジメントチームが参加する合宿も行なっています。そこでも、5〜10年後にどうするかを共有しています。

私は東証プライムに上場している会社の社外取締役も務めていますが、10年先くらいの中長期の計画を立てないと投資家に評価されない時代です。大企業は自然にそうした周囲の目に晒《さら》されますが、中小企業の場合はどうしても中期的なことに関しては意識が希薄《きはく》になりがちです。具体的な案にまで落とし込まなくても、**自分の会社が将来どうなっていたらいいのかというしっかりとしたイメージ（ビジョン）を持つ人物を育てなければ、事業承継にしてもうまくいくはずがありません。**

そして、そのビジョンを幹部と共有する。共有できた人が、マネジメントチームに入ることができます。

ビジョンを持ち、中長期の計画を立てるには、使命感も大事です。

金儲けだけをしたいのなら、一所懸命働けば、ある程度はできます。自分は会社を通じて何をしたいのか。お客さまや社会にどう貢献したいのか。従業員をどう幸せにしたいのか。そういうことを考えなければ、中長期的な計画は立てられないのです。

**「散歩のついでに富士山に登った人はいない」**という言葉があります。ビジネスの世界では皆が必死に散歩していますが、明確なビジョンや計画がなければ、どれだけ歩き続けても近所をうろうろしていることになりかねません。

中長期的な視点で会社の未来を考えられる人物に事業を承継できれば、その企業の寿命は間違いなく延びるでしょう。

## あなたの会社は大丈夫？ ④

- [ ] 後継者候補に
会社を背負う自覚はあるか？

- [ ] 多額の有利子負債を抱えていないか？

- [ ] そのなかから後継者を選ぶ
マネジメントチームがあるか？

- [ ] 本当は引退すべき経営者が
トップを続けていないか？

- [ ] 後継者候補は現在と未来、
現実と理想の両方を動かしているか？

- [ ] 経営者の子どもが後継者候補の場合、
他社での経験はあるか？

# おわりに

本文でも述べたように、ドラッカーは、マネジメントの役割は「特有の使命を果たす」ことと「働く人を生かす」ことだといっています。

経営がうまくいくために一番重要なことは、この二つが同じことだということに気づくことです。

特有の使命を果たすとは、自社独自のＱＰＳの組み合わせをお客さまに提供することです。すると、お客さまが喜んで、従業員は働き甲斐を感じます。働き甲斐を感じている従業員はますます生き生きと働くようになり、会社は自社の特有の使命を果たし続けられます。


そういうと、「お客さまと関わらない、社内で事務をしているような従業員はどうなんですか?」と聞く方がいます。そういう方には、働く仲間が喜ぶことをすることも働き甲斐になる、と申し上げています。

ダメな会社は、従業員に働いてもらうために、経済的インセンティブを最初に持ってきます。しかし、それでは「金の切れ目は縁の切れ目」の会社となり、長く続く会社にもなれません。

もちろん、特有の使命を果たしていれば高収益企業になり、従業員の給料も上がりますが、それは結果です。

大切なことは、働く人たちが朝起きたら「会社に行きたい」と思うような会社にすることです。

ドラッカーは、社会は人を幸せにするためにつくられているともいっています。

いまの時代、多くの人にとって一番多く社会との接点を持っているのは、働いている会社です。ですから、社会との大きな接点となる会社が働く人を幸せにしないというのは自己矛盾《むじゅん》です。

私の師匠である藤本幸邦先生に、「経済は何のためにあるのか？」と、突然聞かれたことがあります。曹洞宗のお坊さんなので、まるで禅問答のような問いです。私が答えられず「分かりません」というと、「人を幸せにするための道具だ」とおっしゃいました。まさに、その通りです。

**会社は、働く人や世の中を幸せにするための道具です。**その気持ちで経営しないとうまくいかないし、その気持ちで経営していればうまくいきます。これは、いわば自然の摂理で、いくらもがいても、原点に帰ってくるのです。

本書をお読みの方のなかには、経営者ではない方もいるでしょう。そして、「会社に行きたいと思えない」「働き甲斐を感じられない」という方もいるかもしれません。その場合は、どうするべきか。

これも単純な話で、目の前のお客さまに集中すればいいのです。お客さまと直接接しない仕事でも、働く仲間が喜ぶよう、目の前の仕事に集中する。そうすれば、実績も出て、出世していくでしょう。すると、これまでより多くの部下を持ったり、場合によっては会社全体を変えられる立場になります。あるいは、転職することも容易になります。

社長の文句をいっていても、会社は変わりません。でも、自分は変えられます。変えられないもののせいにするのは、業績不振を経済環境や部下のせいにする社長と同じです。

「お客さま第一」というのは、一種のマジックワードです。経営も、個人のキャリアも、うまくいく根幹はすべて「お客さま第一」に尽きます。それに集中するのです。

仏教には「難行《なんぎょう》」「易行《いぎょう》」という言葉があります。同じ所にたどり着くのに、難しい道と簡単な道があるということです。

多くの経営者は利益を追いますが、それは難行です。一方、「お客さま第一」は易行です。お客さま第一であれば、すべてうまくいくのです。

レフ・トルストイの小説『アンナ・カレーニナ』の冒頭に、「幸せな家族はどれもみな同じように見えるが、不幸な家族にはそれぞれの不幸の形がある」という言葉があります。成功はワンパターンなのです。ですから、成功したければ、そのワンパターンさえつかめばいいのです。

難行を経なくても、原理原則を教えてもらい、それを実践すれば、早く成功のパターンをつかむことができます。より多くの人に、早くそのパターンをつかんでいただいて、幸せになっていただき、社会に貢献していただきたいと思います。そう心から願っています。

２０２３年9月

小宮一慶

PHP
Business Shinsho

小宮一慶（こみや・かずよし）

経営コンサルタント。株式会社小宮コンサルタンツ代表。十数社の非常勤取締役や監査役、顧問も務める。

1957年、大阪府堺市生まれ。1981年、京都大学法学部卒業。東京銀行（現三菱UFJ銀行）に入行。1984年7月から2年間、米国ダートマス大学経営大学院に留学。MBA取得。帰国後、同行で経営戦略情報システムやM＆Aに携わったのち、岡本アソシエイツ取締役に転じ、国際コンサルティングにあたる。その間の1993年初夏には、カンボジアPKOに国際選挙監視員として参加。1994年5月からは、日本福祉サービス（現セントケア・ホールディング）企画部長として在宅介護の問題に取り組む。1996年に小宮コンサルタンツを設立し、現在に至る。

『できる社長は、「これ」しかやらない』『経営が必ずうまくいく考え方』（ともにPHP研究所）、『株式投資で勝つための指標が1冊でわかる本』（PHPビジネス新書）、『経営者の教科書』（ダイヤモンド社）など、著書多数。


本書は、一般社団法人100年企業戦略研究所が運営するWEBメディア「100年企業戦略ONLINE」で2022年6月～2023年5月に連載された記事をもとに、大幅に加筆・修正をしたものです。

PHPビジネス新書 464

だから、会社が倒産する

2023年10月27日　第1版第1刷発行

著　　者　小宮一慶
発行者　永田貴之
発行所　株式会社PHP研究所
東京本部　〒135-8137　江東区豊洲5-6-52
ビジネス・教養出版部　☎03-3520-9619（編集）
普及部　☎03-3520-9630（販売）
京都本部　〒601-8411　京都市南区西九条北ノ内町11
PHP INTERFACE　https://www.php.co.jp/
装　　幀　齋藤　稔（株式会社ジーラム）
組　　版　株式会社ウエル・プランニング
印刷所
製本所　大日本印刷株式会社


ISBN 978-4-569-85568-4

## 「PHPビジネス新書」発刊にあたって

わからないことがあったら「インターネット」で何でも一発で調べられる時代。本という形でビジネスの知識を提供することに何の意味があるのか……その一つの答えとして「**血の通った実務書**」というコンセプトを提案させていただくのが本シリーズです。

経営知識やスキルといった、誰が語っても同じに思えるものでも、ビジネス界の第一線で活躍する人の語る言葉には、独特の迫力があります。そんな、「**現場を知る人が本音で語る**」知識を、ビジネスのあらゆる分野においてご提供していきたいと思っております。

本シリーズのシンボルマークは、理屈よりも実用性を重んじた古代ローマ人のイメージです。彼らが残した知識のように、本書の内容が永きにわたって皆様のビジネスのお役に立ち続けることを願っております。

二〇〇六年四月

PHP研究所

PHPビジネス新書

# 株式投資で勝つための指標が1冊でわかる本

小宮一慶 著

PER、ROE、ROA、配当性向、配当利回り……よく目にする「投資指標」をわかりやすく解説しつつ、プロに勝つための王道の投資術を指南。

PHPビジネス新書

# 「ROEって何?」という人のための経営指標の教科書

小宮一慶 著

ROE、ROA、FCF、EBITDAマージン、EVA……日経新聞等でよく目にする「経営指標」の意味と使い方をわかりやすく解説!

PHPの本

# 経営が必ずうまくいく考え方

小宮一慶 著

数多くの経営者・企業の栄枯盛衰を見てきた人気経営コンサルタントが、印象的なエピソードとともに綴る、ビジネス成功の原理原則。